DICIONÁRIO GASTRONÔMICO MULTILÍNGUE

CB006470

Rodolfo Farinha

DICIONÁRIO GASTRONÔMICO MULTILÍNGUE

Gastronomic Multilingual Dictionary
Dictionnaire Gastronomique Multilingue
Gastronomisches Wöterbuch in Fünf Sprachen
Diccionario Gastronómico Multilingüe

Rio de Janeiro
2013

Copyright © Rodolfo Farinha, 2009

Sobre o autor
Rodolfo Farinha frequentou o CERIA (Centre d'Études et Recherches de l'Industrie Alimentaire), em Bruxelas, Bélgica, tendo posteriormente concluído o curso de gestão hoteleira no Centre International de Glion, na Suíça, durante o qual efetuou diversos estágios, destacando-se o que realizou na cozinha do Cassino de Montreux durante 3 meses.

Projeto gráfico
Regina Ferraz

Ilustrações
Rodolfo Farinha

Fotografias
José Jorge Soares

CIP-BRASIL. CATALOGAÇÃO-NA-FONTE
SINDICATO NACIONAL DOS EDITORES DE LIVROS, RJ

F243d   Farinha, Rodolfo Freitas Lopes
          Dicionário gastronômico multilíngue / Rodolfo Freitas Lopes Farinha. – Rio de Janeiro : Record, 2013.

          ISBN 978-85-200-0992-5

          1. Gastronomia – Dicionários. 2. Culinária – Dicionários. 3. Dicionários poliglotas. I. Título.

10-5168   CDD: 641.503
                                                     CDU: 641.5(038)

Todos os direitos reservados. Proibida a reprodução, armazenamento ou transmissão de partes deste livro, através de quaisquer meios, sem prévia autorização por escrito.

Este livro foi revisado segundo o novo Acordo Ortográfico da Língua Portuguesa.

Direitos desta edição adquiridos pela
EDITORA CIVILIZAÇÃO BRASILEIRA
Um selo da
EDITORA JOSÉ OLYMPIO LTDA.
Rua Argentina, 171 – Rio de Janeiro, RJ – 20921-380
Tel.: 2585-2000

Seja um leitor preferencial Record.
Cadastre-se e receba informações sobre
nossos lançamentos e nossas promoções.

Atendimento e venda direta ao leitor:
mdireto@record.com.br ou (21) 2585-2002

Impresso no Brasil
2013

EDITORA AFILIADA

Sumário

Como consultar o dicionário 6
Prefácio 7
Dicionário geral multilíngue português 9
Dicionário inglês 87
Dicionário francês 105
Dicionário alemão 121
Dicionário espanhol 139
Massas 155
Condimentos 165
Referências 175

Como consultar o dicionário

Caso deseje consultar um verbete a partir do português, basta ir diretamente à primeira seção do dicionário (p. 10-81).

No caso de querer consultar um verbete a partir do inglês, vá até a seção correspondente (p. 88-99) e siga a numeração ao lado dos verbetes.

Por exemplo: se quiser saber o significado de *chard*, observe que ao lado do verbete aparece o número 19. Volte à primeira seção e procure as colunas de número 19, onde encontrará as correspondências para *chard* em português e nas outras línguas.

O mesmo vale para qualquer das outras línguas.

Prefácio

Há um par de anos atrás, Rodolfo Farinha me mostrou um projeto em curso: a elaboração de um dicionário gastronômico, cuja base original seria a cozinha portuguesa.

Confesso que me surpreenderam, tanto o rigor da sua pesquisa, quanto a beleza das suas ilustrações. Só uma pessoa perfeccionista e com verdadeira paixão pelo que faz é capaz de executar um trabalho com essas características. Não foi feito à pressa, nem por necessidade; antes, sim, pelo prazer de partilhar um esforço e um talento.

Acredito que ficou um livro extraordinariamente útil, tanto para os turistas, como para os apreciadores da boa mesa nas suas viagens pelo mundo.

Em Trancoso, na Bahia, a 20 de outubro de 2007.

Alfredo Hervías y Mendizábal*
(1963-2010)
Escritor e jornalista
Crítico gastronômico

---

* Foi por meio do meu amigo Vasco Gallego, dono do famoso restaurante XL, em Lisboa, que conheci Alfredo. Como grande *connaisseur* gastronômico, proporcionou-me refeições inesquecíveis, este guia não teria sido o mesmo sem a sua preciosa ajuda.

Português

Portuguese
Portugais
Portugiesisch
Portugués

PORTUGUÊS	INGLÊS (English)	FRANCÊS (Français)
1 abacate	1 avocado	1 avocat
2 abacaxi	2 pineapple	2 ananas
3 abafado	3 stewed	3 etouffé
4 abalone (molusco)	4 european abalone	4 ormeau
5 abelha	5 bee	5 abeille
6 aberto	6 open	6 ouvert
7 abertura	7 opening	7 ouverture
8 abeto	8 silver fir	8 sapin
9 abóbora	9 pumpkin	9 citrouille; courge
10 **abobrinha**	10 **courgette**	10 **courgette**
11 abricó	11 apricot	11 abricot
12 abrir	12 open	12 ouvrir
13 abrir (garrafa)	13 open (a bottle)	13 déboucher
14 **abrótea (peixe)**	14 **forkbeard**	14 **mostelle**
15 abrunho (variedade de ameixa)	15 sloe	15 prune
16 absinto	16 absinth	16 absinthe
17 açafrão	17 saffron	17 safran
18 acebolado	18 fried onions	18 compotée d'oignons
19 **acelga**	19 **chard**	19 **poirée**
20 acém	20 fore ribs	20 surlonge
21 acepipe	21 appetizer	21 hors-d'oeuvres
22 acerbo	22 bitter	22 apre
23 ácido	23 sour	23 acide
24 aço	24 steel	24 acier
25 acompanhamento	25 served with	25 garniture
26 acondicionar	26 packaged	26 emballer
27 aconselhar	27 advise	27 conseiller
28 açorda (prato típico à base de pão demolhado em caldo) (PT)	28 savoury bread soup	28 panade
29 açougue	29 butcher's	29 boucherie
30 acre	30 bitter	30 acre
31 açúcar	31 sugar	31 sucre
32 açúcar mascavo	32 brown sugar	32 cassonade
33 açucarado	33 sweeten	33 sucré
34 açucareiro	34 sugar bowl	34 sucrier
35 adega	35 wine cellar	35 cave
36 adoçante	36 sweetener	36 edulcorant
37 ágar-ágar (gelatina de algas)	37 agar-agar	37 agar-agar
38 agitar	38 stir	38 agiter
39 agrião	39 watercress	39 cresson
40 agricultor	40 grower; farmer	40 agriculteur
41 agridoce	41 sweet-and-sour	41 aigre-doux
42 água	42 water	42 eau
43 água com gás	43 sparkling water	43 eau pétillante
44 água da torneira	44 tap water	44 eau du robinet
45 água gasosa	45 carbonated water	45 eau gazeuse
46 água mineral	46 mineral water	46 eau minérale
47 água normal	47 plain water	47 eau plate
48 água tônica	48 tonic water	48 eau tonique
49 **agulha (peixe)**	49 **garfish**	49 **orphie**

ALEMÃO (Deutsch)

1 Avocado
2 Ananas
3 gedämpft
4 Seeohr
5 Biene
6 geöffnet
7 Öffnung (szeit)
8 Tanne
9 Kürbis
10 **Zucchini**
11 Aprikose
12 öffnen
13 (eine Flasche) öffnen
14 **Gabeldorsch**
15 Schlehe

16 Absinth
17 Safran
18 Zwiebelgericht
19 **Mangold**
20 Kammstück
21 Vorspeise
22 herb
23 säure
24 Stahl
25 Beilage
26 verpacken
27 empfehlen
28 Brotsuppe

29 Metzgerei
30 scharf
31 Zucker
32 Rohzucker
33 gesüßt
34 Zuckerstreuer
35 Weinkeller
36 Süßstoff
37 Agar-Agar
38 schwenken
39 Brunnenkresse; Kresse
40 Bauer
41 süßsauer
42 Wasser
43 kohlensäurehaltiges Wasser
44 Leitungswasser
45 kohlensäurehaltiges Wasser
46 Mineralwasser
47 stilles Wasser
48 Tonicwater
49 **Hornhecht**

ESPANHOL (Español)

1 aguacate
2 piña
3 estofado
4 oreja de mar
5 abeja
6 abierto
7 apertura
8 abeto
9 calabaza
10 **calabacín**
11 albaricoque
12 abrir
13 abrir
14 **brótola**
15 ciruela; bruño

16 absenta
17 azafrán
18 rehogado de cebolla
19 **acelga**
20 capa de solomillo
21 aperitivo
22 acervo
23 ácido
24 acero
25 acompañamiento
26 acondicionar
27 aconsejar
28 tipo de sopa de ajo

29 carnicería
30 acre
31 azúcar
32 azúcar no refinado
33 azucarado
34 azucarero
35 bodega
36 sacarina
37 agar-agar
38 agitar
39 berro
40 cultivador
41 agridulce
42 agua
43 agua con gas
44 agua del grifo
45 gaseosa
46 agua mineral
47 agua normal
48 tónica
49 **aguja**

abobrinha
courgette
courgette
Zucchini
calabacín

abrótea
forkbeard
mostelle
Gabeldorsch
brótola

acelga
chard
poirée
Mangold
acelga

agulha
garfish
orphie
Hornhecht
aguja

PORTUGUÊS	INGLÊS (English)	FRANCÊS (Français)
50 **aipo**	50 **celery**	50 **céleri**
51 aipo selvagem	51 wild celery	51 céleri sauvage
52 al ajillo (com alho)	52 garnished with garlic	52 a l'ail
53 alabote (peixe)	53 halibut	53 flétan
54 álamo	54 poplar	54 peuplier
55 albardado (coberto com ovos batidos e depois frito) (PT)	55 batter	55 en pâte à frire
56 **alcachofra**	56 **artichoke**	56 **artichaut**
57 alcagoita (amendoim) (PT)	57 peanut	57 cacahuète
58 **alcaparra**	58 **caper**	58 **câpre**
59 alcaravia	59 caraway	59 carvi
60 alcatra	60 rump	60 culotte de boeuf
61 alecrim	61 rosemary	61 romarin; rosmarin
62 alecrim (peixe)	62 saithe	62 lieu noir
63 aletria (massa)	63 vermicelli	63 vermicelles
64 alface	64 lettuce	64 laitue
65 alface-romana	65 roman lettuce	65 laitue romaine
66 alfarroba	66 carob	66 caroube
67 alfazema	67 lavendar	67 lavande
68 alga	68 algae	68 algue
69 algodão-doce	69 candy floss	69 barbe à papa
70 alguidar (tigela grande) (PT)	70 basin; bowl	70 bassine
71 alhada (molho à base de alho) (PT)	71 stew with garlic	71 aillade
72 alheira (linguiça de aves) (PT)	72 poultry filled sausage	72 saucisse de volaille
73 alho	73 garlic	73 ail
74 alho francês (alho poró) (PT)	74 leek	74 poireau
75 alho poró / alho porro	75 leek	75 poireau
76 alibute (peixe)	76 halibut	76 flétan
77 alimento	77 food	77 aliment
78 almeirão	78 chicory	78 chicorée
79 almoço	79 lunch	79 déjeuner
80 almofariz	80 mortar	80 mortier
81 almôndega	81 meat ball	81 boulette de hachis
82 alourado (dourado) (PT)	82 golden	82 blondi
83 alperce	83 apricot	83 abricot
84 amanhã	84 tomorrow	84 demain
85 amargo	85 bitter	85 amer
86 amarguinha (aguardente de amêndoas) (PT)	86 almond liqueur	86 liqueur d'amandes
87 amêijoa (molusco)	87 clam	87 palourde
88 amêijoa dourada (molusco)	88 golden carpetshell	88 clovisse jaune
89 amêijoa fina (molusco)	89 carpetshell	89 blanchet
90 amêijoa gigante (molusco)	90 smooth venus	90 grande palourde
91 ameixa	91 plum	91 prune
92 ameixa seca	92 prune	92 pruneau sec
93 amêndoa	93 almond	93 amande
94 amêndoa amarga	94 bitter almond	94 amande amère
95 amêndoa do mar (molusco)	95 dog cockle	95 amende de mer
96 amendoim	96 peanut	96 cacahuète
97 amido	97 starch	97 amidon
98 amora silvestre	98 wild blackberry	98 mûre sauvage

ALEMÃO (Deutsch)

50 **Sellerie**
51 Wildsellerie
52 mit Knoblauch
53 Heilbutt
54 Pappel
55 in Ei gewälzt

56 **Artischocke**
57 Erdnuss
58 **Kaper**
59 Gartenkümmel
60 Schwanzstueck
61 Rosmarin
62 Seelachs
63 (süße) Fadennudeln
64 Kopfsalat
65 Römersalat
66 Johannisbrot
67 Lavendel
68 Alge
69 Zuckerwatte
70 Schüssel
71 Knoblauchsoße

72 Huhnwurst
73 Knoblauch
74 Lauch; Porree
75 Lauch; Porree
76 Heilbutt
77 Nahrungsmittel
78 Zichorie
79 Mittagessen
80 Mörser
81 Frikadelle
82 golden
83 Aprikose
84 morgen
85 bitter
86 Mandellikör

87 Miesmuschel
88 Pazifische Teppichmuschel
89 Kreuzmuster-teppichmuschel
90 Riesenmuschel
91 Pflaume
92 Trockenpflaume
93 Mandel
94 Bittermandel
95 Samtmuschel
96 Erdnuss
97 Stärkemehl
98 Maulbeere

ESPANHOL (Español)

50 **apio**
51 apio salvaje
52 al ajillo
53 halibut
54 álamo
55 albardado

56 **alcachofa**
57 cacahuete
58 **alcaparra**
59 alcaravea
60 cuarto trasero de vacuno
61 romero
62 carbonero
63 fideos cabello de ángel
64 lechuga
65 lechuga romana
66 algarroba
67 lavanda
68 alga
69 algodón dulce
70 palangana
71 ajada

72 embutido de aves
73 ajo
74 puerro
75 puerro
76 halibut
77 alimento
78 achicoria silvestre
79 almuerzo
80 almirez
81 albóndiga
82 dorado
83 albérchigo
84 mañana
85 amargo
86 licor de almendra amarga

87 almeja
88 almeja dorada
89 almeja fina
90 almeja gigante
91 ciruela
92 ciruela seca; pasa
93 almendra
94 almendra amarga
95 almendra de mar
96 cacahuete
97 almidón
98 mora

aipo
celery
céleri
Sellerie
apio

alcachofra
artichoke
artichaut
Artischocke
alcachofa

alcaparra
caper
câpre
Kaper
alcaparra

[13]

PORTUGUÊS	INGLÊS (English)	FRANCÊS (Français)
99 amora-preta	99 blackberry	99 mûre
100 ananás	100 azores pineapple	100 ananas des açores
101 anchova	101 anchovy	101 anchois
102 andorinha	102 swallow	102 hirondelle
103 andorinha-do-mar	103 common tern	103 sterne
104 anel	104 ring	104 anneau
105 anêmona	105 anemone	105 anémone
106 aneto	106 dill	106 aneth
107 ânfora	107 phile	107 amphore
108 angélica	108 angelica	108 angélique
109 angula (filhote de enguia) (PT)	109 elver	109 civelle
110 anho	110 suckling lamb	110 agnelet
111 anis	111 anise	111 anis
112 anona (fruta-de-conde) (PT)	112 sugar-apple	112 anone
113 antepasto	113 appetizer	113 hors-d'oeuvres
114 antigo	114 old	114 ancien
115 ao natural	115 uncooked; raw	115 nature
116 ao ponto	116 medium done	116 a point
117 apaladado (saboroso) (PT)	117 tasty	117 savoureux
118 aparar	118 trim	118 apprêter
119 aperitivo	119 appetizer	119 hors-d'oeuvres
120 apetite	120 appetite	120 appétit
121 apicultura	121 apiculture	121 apiculture
122 apimentado	122 spicy	122 poivré
123 apurado (PT)	123 cooked slowly	123 mijoté
124 aquecido	124 heated	124 chauffé
125 ar condicionado	125 air-conditioned	125 climatisation
126 arado	126 plough	126 charrue
127 arenque	127 herring	127 hareng
128 aroma	128 aroma	128 arôme
129 aroma (vinho)	129 bouquet	129 bouquet
130 aromático	130 aromatic	130 aromatique
131 aromatizado	131 added aroma	131 aromatisé
132 **arraia**	132 **skates**	132 **raie**
133 arrefecer	133 cool	133 refroidir
134 arroz	134 rice	134 riz
135 arroz ao curry	135 curry's rice	135 riz au curry
136 arroz branco	136 white rice	136 riz nature
137 arroz integral	137 brown rice	137 riz entier
138 arroz malandro (PT)	138 wet rice	138 riz assez liquide
139 arroz-doce	139 rice pudding	139 riz au lait
140 artemísia	140 mugwort	140 armoise
141 asa	141 wing	141 aile
142 **aspargo**	142 **asparagus**	142 **asperge**
143 aspecto	143 aspect	143 aspect
144 aspic	144 aspic	144 aspic
145 assado	145 roasted	145 rôti
146 assar	146 roast	146 rôtir
147 atum	147 tuna	147 thon
148 ave	148 poultry	148 volaille
149 aveia	149 oat	149 avoine
150 avelã	150 hazelnut	150 noisette

[14]

ALEMÃO (Deutsch)	ESPANHOL (Español)
99 **Brombeere**	99 **mora negra**
100 Ananas	100 piña; ananás
101 Sardelle	101 anchoa
102 Schwalbe	102 golondrina
103 Seeschwalbe	103 charrán común
104 Ring	104 anilla; rosca
105 Anemone	105 anémona
106 Dill	106 eneldo
107 Amphore	107 ánfora
108 Engelswurz	108 angélica
109 Glasaale	109 angula
110 Lamm	110 cordero
111 Anis	111 anís
112 Zimtapfel	112 anona
113 Vorspeise	113 aperitivo
114 alt	114 antiguo
115 ohne alles; natur	115 al natural
116 medium	116 al punto
117 schmackhaft	117 sabroso
118 parieren	118 recortar
119 Vorspeise	119 aperitivo
120 Appetit	120 apetito
121 Bienenzucht	121 apicultura
122 scharf gewürzt	122 picante; con pimienta
123 abgeschmeckt	123 apurado
124 (auf)gewärmt	124 calentado
125 Klimaanlage	125 aire acondicionado
126 Pflug	126 arado
127 Hering	127 arenque
128 Aroma	128 aroma
129 Bukett	129 aroma
130 aromatisch	130 aromático
131 gewürzt	131 aromatizado
132 **Rochen**	132 **raya**
133 (ab)kühlen	133 enfriar
134 Reis	134 arroz
135 Curryreis	135 curry con arroz
136 weißer Reis	136 arroz blanco
137 Vollkornreis	137 arroz integral
138 leicht flüssiger Reis	138 arroz caldoso
139 Milchreis; süßer Reis	139 arroz con leche
140 Beifuß	140 artemisa
141 Flügel	141 ala
142 **Spargel**	142 **espárrago**
143 Aussehen	143 aspecto
144 Aspik	144 áspic
145 gebraten	145 asado
146 braten	146 asar
147 Tunfisch	147 atún
148 Vogel	148 ave
149 Hafer	149 avena
150 Haselnuss	150 avellana

amora-preta
blackberry
mûre
Brombeere
mora negra

arraia
skates
raie
Rochen
raya

aspargo
asparagus
asperge
Spargel
espárrago

[15]

PORTUGUÊS	INGLÊS (English)	FRANCÊS (Français)
151 aveludado	151 smooth	151 velouté
152 avental	152 apron	152 tablier
153 avestruz	153 ostrich	153 autruche
154 avinhado (marinado no vinho) (PT)	154 marinated in wine	154 imbibé de vin
155 azeda / azedinha	155 sour dock	155 oseille
156 azedar	156 to turn bitter	156 devenir aigre
157 azedo	157 bitter	157 aigre
158 azeite	158 olive oil	158 huile d'olive
159 azeitona	159 olive	159 olive
160 **azevia (peixe)**	160 **lemon sole**	160 **sole perdrix**
161 azeviche	161 jet	161 jais
162 azevinho	162 holly	162 houx
163 azinheira (árvore)	163 holm oak	163 chêne vert; yeuse
164 azulejo	164 tile	164 azulejo
165 **bacalhau fresco**	165 **fresh cod**	165 **cabillaud**
166 bacalhau salgado	166 salt cod	166 morue
167 bacalhoeiro (vendedor de bacalhau)	167 codfish seller	167 marchand de morue
168 bácoro	168 piglet; suckling pig	168 porcelet; cochon de lait
169 **badejo**	169 **whiting**	169 **merlan**
170 bafio (mofo) (PT)	170 mould	170 moisi
171 baga	171 berry	171 baie
172 bagaceira (destilado de uva)	172 marc spirit	172 marc (boisson)
173 bagaço	173 bagasse	173 marc
174 baixela	174 tableware	174 vaisselle
175 baixo	175 low	175 bas
176 balde	176 bucket	176 seau
177 balsamita	177 balsamite	177 balsamite
178 bambu	178 bamboo	178 bambou
179 banana	179 banana	179 banane
180 bandeja	180 tray	180 plateau
181 banha	181 lard	181 saindoux
182 banho-maria	182 bain-marie	182 bain-marie
183 barbatana	183 fin (of a fish)	183 nageoire
184 **barbo (peixe)**	184 **barbel**	184 **barbeau**
185 barrica	185 cask	185 barrique
186 barril	186 barrel	186 tonneau
187 barril de chopp	187 barrel beer	187 bière pression
188 barro	188 clay	188 argile
189 barro cozido	189 baked clay	189 terre cuite
190 basílico (manjericão) (PT)	190 basil	190 basilic
191 bastante	191 a lot	191 assez
192 batata	192 potato	192 pomme de terre
193 batata a murro (PT)	193 potato roasted and crashed	193 pommes de terre rôties écrasées
194 batata com casca	194 jacket potato	194 pommes de terre en robe des champs
195 batata corada	195 roast potato	195 pommes de terre rissolées
196 batata cozida	196 boiled potato	196 pommes vapeur
197 batata frita	197 fried potato; chips	197 pommes frites
198 batata palha	198 potato sticks	198 pommes allumettes

ALEMÃO (Deutsch)

- 151 samtig
- 152 Schürze
- 153 Strauß
- 154 in Wein getränkt

- 155 Sauerampfer
- 156 säuern
- 157 sauer
- 158 Olivenöl
- 159 Olive
- 160 **Bastardzunge**
- 161 Pechkohle
- 162 Stechpalme
- 163 Steineiche
- 164 Fliese
- 165 **Kabeljau**
- 166 Stockfisch
- 167 Stockfischverkäufer

- 168 Ferkel; Spanferkel
- 169 **Merlan**
- 170 Schimmel
- 171 Beere
- 172 Tresterschnaps
- 173 Trester
- 174 Geschirr
- 175 klein; leicht; leise; niedrig; tief
- 176 Eimer
- 177 Balsamkraut
- 178 Bambus
- 179 Banane
- 180 Tablett
- 181 Schmalz
- 182 Wasserbad
- 183 Flosse
- 184 **Barbe**
- 185 Fass
- 186 Fass
- 187 Fassbier
- 188 Ton
- 189 gebrannter Ton
- 190 Basilikum
- 191 ziemlich
- 192 Kartoffel
- 193 geschlagen Kartoffeln

- 194 Kartoffel mit Schale

- 195 Bratkartoffeln
- 196 Salzkartoffeln
- 197 Pommes frites
- 198 Strohkartoffeln

ESPANHOL (Español)

- 151 aterciopelado; suave
- 152 delantal
- 153 avestruz
- 154 con sabor a vino

- 155 acedera
- 156 agriar
- 157 agrio
- 158 aceite
- 159 aceituna
- 160 **acedía**
- 161 azabache
- 162 acebo
- 163 encina
- 164 azulejo
- 165 **bacalao fresco**
- 166 bacalao
- 167 bacaladero

- 168 lechón
- 169 **merlán**
- 170 moho
- 171 baya
- 172 orujo
- 173 bagazo
- 174 vajilla
- 175 bajo
- 176 balde
- 177 balsamita
- 178 bambú
- 179 plátano
- 180 bandeja
- 181 manteca; unto
- 182 baño maría
- 183 aleta
- 184 **barbo**
- 185 barrica
- 186 barril
- 187 cerveza de barril
- 188 barro
- 189 barro cocido
- 190 albahaca
- 191 bastante
- 192 patata
- 193 patata asada y golpeada

- 194 patata con piel

- 195 patata dorada
- 196 patata cocida
- 197 patata frita
- 198 patata paja

azevia
lemon sole
sole perdrix
Bastardzunge
acedía

bacalhau fresco
fresh cod
cabillaud
Kabeljau
bacalao fresco

badejo
whiting
merlan
Merlan
merlán

barbo
barbel
barbeau
Barbe
barbo

PORTUGUÊS	INGLÊS (English)	FRANCÊS (Français)
199 batata sauté	*199* sauté potato	*199* pommes de terre sautées
200 batata-doce	*200* sweet potato	*200* patate douce
201 batido (milkshake) (PT)	*201* milkshake	*201* frappé; milk-shake
202 batido (vitamina) (PT)	*202* whipped	*202* battu
203 **baunilha**	*203* vanilla	*203* **vanille**
204 beber	*204* drink	*204* boire
205 bebida	*205* drink	*205* boisson
206 **beldroega**	*206* purslane	*206* **pourpier**
207 beluga (variedade de caviar)	*207* beluga	*207* béluga
208 bem passado	*208* well done; well cooked	*208* bien cuit
209 berbigão (molusco) (PT)	*209* cockle	*209* coque
210 **berinjela**	*210* egg plant	*210* **aubergine**
211 besugo (peixe)	*211* spanish sea bream	*211* pageot
212 **beterraba**	*212* beet; beetroot	*212* **betterave**
213 bica (cafezinho em Lisboa) (PT)	*213* espresso coffee	*213* café expresso
214 bifana (sanduíche de lombo de porco) (PT)	*214* fried pork sandwich	*214* sandwich de porc frit
215 bife	*215* steak	*215* steak
216 bife a cavalo	*216* steak garnished with fried egg	*216* steak garni d'un oeuf au plat
217 bife tártaro	*217* steak tartare	*217* steak tartare
218 bigarrade (molho de laranja)	*218* bigarade sauce	*218* sauce bigarade
219 bilha (jarro de cerâmica)	*219* earthen pot; rounded jar	*219* cruche
220 bísaro (porco de grande porte) (PT)	*220* breed of pig	*220* porc corpulent
221 biscoito	*221* biscuit	*221* biscuit; galette
222 bitoque (bife com ovo frito) (PT)	*222* small steak garnished with fried egg	*222* steak garni d'un oeuf au plat
223 bivalves	*223* bivalves	*223* bivalves
224 boca	*224* mouth	*224* bouche
225 bocado (pedaço)	*225* morsel	*225* morceau
226 bochecha	*226* cheeks	*226* joues
227 boda	*227* wedding	*227* noces
228 bofe (pulmão)	*228* lungs	*228* poumon
229 boga (peixe)	*229* bogue	*229* bogue
230 boi	*230* beef	*230* boeuf
231 bola (brioche) (PT)	*231* bun	*231* brioche
232 bola de carne (PT)	*232* meat pie	*232* brioche farcie de viande salée
233 bolacha (biscoito) (PT)	*233* biscuit; cookie	*233* biscuit; galette
234 boleto (variedade de cogumelo)	*234* cep	*234* bolet
235 bolinhos (doces)	*235* petits fours	*235* petits biscuits
236 bolinhos de bacalhau	*236* codfish patties	*236* acras de morue
237 bolo	*237* cake	*237* gâteau
238 bolo preto (bolo de mel) (PT)	*238* honey cake	*238* gâteau au miel
239 bolo-rei	*239* crystallised fruit loaf	*239* gâteau des rois
240 bolota (do carvalho)	*240* acorn	*240* gland
241 bombons	*241* chocolates	*241* pralinés
242 bonito (peixe)	*242* skipjack	*242* bonite

ALEMÃO (Deutsch)

- 199 Bratkartoffeln
- 200 Süßkartoffel
- 201 Mixgetränk
- 202 Geschlagen
- 203 **Vanille**
- 204 trinken
- 205 Getränk
- 206 **Portulak**
- 207 Beluga-kaviar
- 208 durchgebraten
- 209 Herzmuschel
- 210 **Aubergine**
- 211 Rotbrasse
- 212 **rote Rüben**
- 213 Espresso (in Lissabon)
- 214 Schweineschnitzelbrötchen

- 215 Steak
- 216 Steak mit spiegelei

- 217 Beef tartar
- 218 Bigarade Sauce
- 219 Krug
- 220 Bisaro (große Schwein)

- 221 Biscuit; Keks; Zwieback
- 222 Steak mit Spiegelei

- 223 Muscheln
- 224 Mund
- 225 Stück; Bisschen
- 226 Backen
- 227 Hochzeit
- 228 Lunge
- 229 Gelbstriemen
- 230 Ochse
- 231 süßes Hefebrot; süßes Brötchen
- 232 Fleisch im Brotteig
- 233 Keks
- 234 Steinpilz

- 235 Küchlein
- 236 Stockfischbällchen
- 237 Kuchen
- 238 Honigkuchen
- 239 Wörtlich; Königskuchen; Hefekuchen zur Weihnachtszeit
- 240 Eichel
- 241 Pralinen
- 242 Bonito

ESPANHOL (Español)

- 199 patata salteada
- 200 batata
- 201 batido
- 202 batido
- 203 **vainilla**
- 204 beber
- 205 bebida
- 206 **verdolaga**
- 207 beluga
- 208 bien hecho; muy hecho
- 209 berberecho
- 210 **berenjena**
- 211 besugo
- 212 **remolacha**
- 213 café solo
- 214 sandwich de filete de cerdo

- 215 bistec
- 216 bistec con un huevo frito encima
- 217 bistec tártaro
- 218 bigarrade
- 219 bombona
- 220 cerdo grande

- 221 bizcocho
- 222 filete de vacuno con huevo frito
- 223 bivalvos
- 224 boca
- 225 trozo
- 226 mijilla
- 227 boda
- 228 bofe
- 229 boga
- 230 buey
- 231 bayonesa
- 232 tipo de empanada de carne
- 233 galleta
- 234 cepe

- 235 pastas
- 236 pasteles de bacalao
- 237 tarta
- 238 tarta negra
- 239 roscón de reyes

- 240 bellota
- 241 bombones
- 242 bonito

baunilha
vanilla
vanille
Vanille
vainilla

beldroega
purslane
pourpier
Portulak
verdolaga

berinjela
egg plant; aubergine
aubergine
Aubergine
berenjena

beterraba
beet; beetroot
betterave
rote Rüben
remolacha

PORTUGUÊS	INGLÊS (English)	FRANCÊS (Français)
243 bordalesa (à la)	243 bordelaise style	243 a la bordelaise
244 borracho (pombinho) (PT)	244 young pigeon	244 pigeonneau
245 **borragem**	245 **borrage**	245 **bourrache**
246 borralho	246 cinders	246 cendres chaudes
247 borrego	247 lamb	247 agneau
248 bosque	248 wood	248 bois
249 bourguignone (molho)	249 bourguignonne sauce	249 sauce bourguignonne
250 bovino	250 bovine	250 bovin
251 brasas	251 charcoal	251 braises
252 braseado (na brasa) (PT)	252 braised	252 braisé
253 bravo (do mato) (PT)	253 wild	253 sauvage
254 brioche	254 bun	254 brioche
255 broa	255 corn bread	255 pain de maïs
256 brochete	256 spit; skewer	256 brochette
257 brócolis	257 broccoli	257 brocolis
258 bronze	258 bronze	258 bronze
259 broto	259 shoot	259 pousse
260 **bruxa do mar (crustáceo) (PT)**	260 **lesser slipper lobster**	260 **petite cigale de mer**
261 bucho	261 stomach of animal; craw	261 estomac des animaux
262 búfalo	262 buffalo	262 buffle
263 bufê	263 buffet	263 buffet
264 bule (de chá)	264 teapot	264 théière
265 buquê (vinho)	265 bouquet	265 bouquet
266 burrié (molusco) (PT)	266 periwinkle	266 bigorneau
267 burro	267 donkey	267 âne
268 **buzina (molusco) (PT)**	268 **whelk**	268 **buccin**
269 búzio (molusco) (PT)	269 whelk	269 buccin
270 búzio de cana (molusco) (PT)	270 marine snail	270 rocher épineux
271 cabaça	271 gourd; pumpkin	271 calebasse
272 cabeça	272 head	272 tête
273 cabeça de achar (iguaria preparada com as carnes da cabeça do porco) (PT)	273 potted pig's head	273 terrine de tête de porc
274 cabeça de cordeiro	274 lamb's head	274 tête d'agneau
275 cabeça de porco	275 pig's head	275 tête de porc
276 cabeça de xara (iguaria preparada com as carnes da cabeça do porco) (PT)	276 pig's head	276 patê de tête
277 cabelo de anjo (doce) (PT)	277 angel's hair	277 cheveux d'ange
278 caboz (peixe)	278 goby	278 gobie
279 cabra	279 goat	279 chèvre
280 cabrinha (peixe)	280 piper	280 grondin
281 cabrito	281 kid	281 chevreau
282 cabrito assado	282 roast kid	282 chevreau rôti
283 cabrito-montês	283 mountain goat	283 chevreuil
284 caça	284 game	284 gibier
285 caçador	285 hunter	285 chasseur
286 cação	286 dogfish	286 emissole
287 caçarola	287 casserole	287 casserole
288 cacau	288 cocoa	288 cacao

ALEMÃO (Deutsch)	ESPANHOL (Español)
243 à la bordelaise	243 a la bordelesa
244 Täubchen	244 pichón
245 **Borretsch**	245 **planta herbácea**
246 Glut	246 rescoldo
247 Lamm	247 borrego
248 Wald	248 bosque
249 Sauce bourguinonne	249 burgiñon (salsa a la)
250 rind	250 bovino
251 Holzkohlenglut	251 brasas
252 gegrillt	252 braseado
253 wild	253 silvestre
254 süßes Hefebrot; süßes Brötchen	254 bayonesa
255 Maisbrot	255 broa; pan de maíz
256 Spieß (Gericht)	256 brocheta
257 Brokkoli	257 brócuil
258 Bronze	258 bronce
259 Sprosse	259 brote
260 **kleiner Bärenkrebs**	260 **santiaguiños**
261 Pansen	261 buche
262 Büffel	262 búfalo
263 Büffet	263 buffet
264 Teekanne	264 tetera
265 Bukett	265 aroma
266 Strandschnecke	266 caracol de mar
267 Esel	267 burro
268 **große Wellhornschnecke**	268 **bocina**
269 Wellhornschnecke	269 bocina
270 Herkuleskeule	270 cañaílla
271 Flaschenkürbis	271 calabaza
272 Kopf	272 cabeza
273 Schweinskopf Pastete	273 paté de cabeza de cerdo
274 Lammkopf	274 cabeza de cordero
275 Schweinskopf	275 cabeza de cerdo
276 Schweinskopf Pastete	276 cabeza de cerdo
277 Engelshaar	277 cabello de ángel
278 Grundel (Fisch)	278 lorcha
279 Ziege	279 cabra
280 Kuckucks	280 cuco
281 Zicklein	281 cabrito
282 gebratenes Zicklein	282 cabrito asado
283 Bergziege	283 cabrito montés
284 Jagd	284 caza
285 Jäger	285 cazador
286 Katzenhai	286 cazón
287 Kasserolle	287 cacerola
288 Kakao	288 cacao

borragem
borrage
bourrache
Borretsch
planta herbácea

bruxa do mar
lesser slipper lobster
petite cigale de mer
kleiner Bärenkrebs
santiaguiños

buzina
whelk
buccin
große Wellhornschnecke
bocina

PORTUGUÊS	INGLÊS (English)	FRANCÊS (Français)
289 cacho	289 bunch	289 grappe
290 cachorro (cachorro quente) (PT)	290 hot dog	290 hot-dog
291 cachorro quente	291 hot dog	291 hot-dog
292 cachucho (peixe)	292 variety of bream	292 denté aux gros yeux
293 cacto	293 cactus	293 cactus
294 cadeira	294 chair	294 chaise
295 cadelinha do mar (molusco) (PT)	295 cockle	295 olive de mer
296 café	296 coffee	296 café
297 café (bar)	297 café	297 café
298 café curto	298 small strong coffee	298 café serré
299 café da manhã	299 breakfast	299 petit-déjeuner
300 café de coador	300 filtered coffee	300 café filtre
301 café descafeinado	301 decaffeinated coffee	301 café décaféiné
302 cafeína	302 caffeine	302 caféine
303 cafetaria (bar, café) (PT)	303 café	303 café
304 cafeteira	304 coffee pot	304 cafetière
305 caipira	305 rustic	305 campagnard
306 **caju**	306 **cashew**	306 **cajou**
307 calda	307 syrup	307 sirop de sucre
308 caldeirada	308 fish stew; bouillabaisse	308 bouillabaisse
309 caldo	309 consommé	309 bouillon
310 caldo verde	310 cabbage soup	310 soupe aux choux
311 cálice	311 liqueur glass	311 calice; verre à liqueur
312 calor	312 heat; warmth	312 chaleur
313 caloria	313 calorie	313 calorie
314 camada	314 layer	314 couche
315 camapu	315 phisalis	315 phisalis
316 camarão	316 shrimp	316 crevette
317 **camarão branco**	317 **common prawn**	317 **bouquet**
318 camarão da costa (PT)	318 medium prawn	318 crevette (taille moyenne)
319 camarão de Espinho (PT)	319 small prawn	319 petite crevette
320 camarão de rio	320 common prawn	320 crevette grise
321 camarão rosa	322 tiger prawn	322 crevette géante tigrée
322 camarão tigre (PT)	321 pink shrimp	321 crevette rose
323 camarinha (fruto silvestre) (PT)	323 Portuguese crowberry	323 camarines
324 **camomila**	324 **camomile**	324 **camomille**
325 campo	325 country	325 campagne
326 camponês	326 farmer	326 agriculteur; fermier
327 canapés	327 canapés	327 canapés
328 cancelar	328 cancel	328 annuler
329 caneca	329 mug	329 chope
330 canela	330 cinnamon	330 cannelle
331 canilha (molusco) (PT)	331 mediterranean murex	331 rocher épineux
332 canja	332 chicken broth	332 bouillon de poule
333 cantarelo (variedade de cogumelo)	333 chantarelle	333 chanterelle
334 cantarilho (peixe)	334 rosefish	334 rascasse
335 cantina	335 canteen	335 cantine
336 canudo (de refresco)	336 straw	336 paille
337 capão (galo)	337 capon	337 chapon

ALEMÃO (Deutsch)

289 Traube
290 Hot dog

291 Hot dog
292 Großäugige Zahnbrasse
293 Kaktus
294 Stuhl
295 Dreiecksmuschel

296 Kaffee
297 Kaffee; Kaffeehaus
298 kleiner Espresso
299 Frühstück
300 Filterkaffee
301 Koffeinfreier Kaffee
302 Koffein
303 Kaffee; Kaffeehaus
304 Kaffeekanne
305 hinterwäldler
306 **Kaschu**
307 Sirup
308 Fischeintopf
309 Brühe
310 Kohlsuppe
311 Kelchglas
312 Hitze; Wärme
313 Kalorie
314 Schicht
315 Physalis
316 Garnele
317 **Sägegarnele**
318 Furchengarnele
319 Sägegarnele; Steingarnele
320 Sandgarnele
322 Riesen-tigergarnele
321 rosa Geißelgarnele
323 Kräheenbeere
324 **Kamille**
325 Land; Feld
326 Bauer
327 Canapees
328 stornieren
329 Krug
330 Zimt
331 Herkuleskeule
332 Hühnersuppe
333 Pfifferling

334 Blaumaul
335 Kantine
336 Stroh
337 Kapaun

ESPANHOL (Español)

289 racimo
290 perrito caliente

291 perrito caliente
292 cachucho
293 cactus
294 silla
295 coquina

296 café
297 cafetería
298 café solo corto y fuerte
299 desayuno
300 café de perol
301 café descafeinado
302 cafeína
303 cafetería
304 cafetera
305 campesino
306 **acajú**
307 almíbar
308 calderada
309 caldo
310 sopa de patata y verdura
311 copa
312 calor
313 caloría
314 capa
315 phisalis
316 camarón
317 **camarón blanco**
318 quisquillas
319 quisquillas
320 cangrejo de rio
322 langostino tigre
321 camarón
323 camariña
324 **manzanilla**
325 campo
326 campesino
327 canapés
328 cancelar
329 jarra
330 canela
331 cañadílla
332 caldo de galina
333 cantarelos

334 gallineta-nórdica
335 refectorio
336 paja
337 capón

caju
cashew
cajou
Kaschu
acajú

camarão branco
common prawn
bouquet
Sägegarnele
camarón blanco

camomila
camomile
camomille
Kamille
manzanilla

PORTUGUÊS	INGLÊS (English)	FRANCÊS (Français)
338 capoeira	338 hen run	338 poulailler
339 **caqui**	339 **persimmon**	339 **kaki**
340 **carabineiro (variedade de camarão) (PT)**	340 **scarlet shrimp**	340 **crevette rouge**
341 caracol-do-mar (variedade de escargot) (PT)	341 sea snail	341 escargot de mer
342 caracoleta (variedade de escargot) (PT)	342 large snail	342 escargot de vigne
343 caramelizado	343 glazed	343 vernissé
344 caramelo	344 caramel	344 caramel
345 **caranguejo**	345 **crab**	345 **crabe**
346 caranguejo azul (PT)	346 blue crab	346 crabe bleu
347 carapau (peixe)	347 horse mackerel	347 chinchard
348 carcaça	348 carcass	348 carcasse
349 carcaça (pão) (PT)	349 bread roll	349 petit pain blanc
350 cardápio	350 menu	350 menu
351 cardo	351 thistle	351 chardon
352 caril (curry) (PT)	352 curry	352 curry
353 carioca (café fraco)	353 dilute coffee	353 café léger
354 carioca de limão (chá de limão) (PT)	354 lemon rind infusion	354 infusion de zeste de citron
355 carnaval	355 carnival	355 carnaval
356 carne	356 meat	356 viande
357 carne defumada	357 smoked meat	357 viande fumée
358 carne moída	358 minced meat	358 viande hâchée
359 carne-seca	359 dried meat	359 viande séchée
360 carneiro	360 mutton	360 mouton
361 carnes frias (frios) (PT)	361 cold meats	361 viandes froides
362 carpa	362 carp	362 carpe
363 carpa-real	363 royal carp	363 carpe royale
364 carqueja	364 carqueja	364 genêt
365 carrê de cordeiro	365 rack of lamb	365 carré d'agneau
366 carta (peixe)	366 sole-like fish	366 cardine
367 carta de vinhos	367 wine list	367 carte des vins
368 carvalho	368 oak	368 chêne
369 carvão	369 coal; charcoal	369 charbon
370 casamento	370 wedding	370 noces
371 casca	371 bark	371 ecorce
372 casca de pão	372 crust	372 croûte
373 cascarra (peixe)	373 sand-sole	373 sole velue
374 caseiro (empregado)	374 keeper; estate worker	374 fermier; métayer
375 caseiro (feito em casa)	375 home-made	375 fait maison
376 cassis	376 blackcurrant	376 cassis
377 castanha (fruto)	377 chestnut	377 chataîgne
378 castanha de caju	378 cashew nut	378 noix de cajou
379 castelo	379 château	379 château
380 cataplana (panela portuguesa típica do Algarve)	380 fish stew	380 marmite du pêcheur
381 cauda	381 tail	381 queue
382 cavaco (crustáceo) (PT)	382 mediterranean locust	382 cigale de mer
383 **cavala (peixe)**	383 **chub mackerel**	383 **maquereau espagnol**
384 cavalinha	384 horse mackerel	384 chinchard

ALEMÃO (Deutsch)

338 Hühnerstall
339 **Khakifrucht**
340 **rote Riesengarnele**

341 Meerschnecke

342 Weinbergschnecke

343 glasiert
344 Karamel
345 **Krabbe**
346 Blaukrabbe
347 Stöcker
348 Karkasse
349 Brötchen
350 Speisekarte; Menü
351 Karde
352 Curry
353 verdünnter Espresso
354 Zitronentee

355 Karneval
356 Fleisch
357 geräuchertes Fleisch
358 Hackfleisch
359 Trockenfleisch
360 Hammel
361 Bratenaufschnitt
362 Karpfen
363 Königskarpfen
364 Ginster
365 Lammkarree
366 Lammzunge (Fisch)
367 Weinkarte
368 Eiche
369 Kohle
370 Hochzeit
371 Schale
372 Kruste
373 Hundshai
374 Pächter
375 hausgemacht
376 schwarze Johannisbeere
377 Marone; Kastanie
378 Kaschunuss
379 Burg
380 Algarve Kupferpfanne

381 Schwanz
382 Grosser Bärenkrebs
383 **Makrele**
384 Stöcker

ESPANHOL (Español)

338 gallinero
339 **caqui**
340 **carabinero**

341 caracol de mar

342 caracol

343 envidriado
344 caramelo
345 **cangrejo**
346 cangrejo azul
347 jurel
348 carcasa
349 pan francés
350 menú
351 cardo
352 curry
353 café muy diluido
354 infusión de limón

355 carnaval
356 carne
357 carne ahumada
358 carne picada
359 carne seca
360 carnero
361 carnes frías
362 carpa
363 carpa real
364 especie de retama
365 carré de cordero
366 peluda
367 carta de vinos
368 roble
369 carbón
370 boda
371 cáscara
372 corteza
373 lija
374 casero
375 casero; hecho en casa
376 grosella negra
377 castaña
378 anacardo
379 castillo
380 cataplana

381 cola; rabo
382 cigarra de mar
383 **estornino**
384 chicharo

caqui
persimmon
kaki
Khakifrucht
caqui

carabineiro
scarlet shrimp
crevette rouge
rote Riesengarnele
carabinero

caranguejo
crab
crabe
Krabbe
cangrejo

cavala
chub mackerel
maquereau espagnol
Makrele
estornino

[25]

PORTUGUÊS	INGLÊS (English)	FRANCÊS (Français)
385 caviar	385 caviar	385 caviar
386 cebola	386 onion	386 oignon
387 cebola picada	387 chopped onion	387 oignon hâché
388 cebolada (acebolado) (PT)	388 fried onions	388 compotée d'oignons
389 cebolinha	389 chives	389 ciboulette
390 ceia	390 supper	390 soûper
391 ceia de Natal	391 Christmas Eve supper	391 réveillon de Noël
392 cenoura	392 carrot	392 carotte
393 centeio	393 rye	393 seigle
394 cèpe (variedade de cogumelo)	394 cep	394 cèpe
395 cera	395 wax	395 cire
396 cereal	396 cereal	396 céréale
397 **cerefólio / cerefolho**	397 **chervil**	397 **cerfeuil**
398 cereja	398 cherry	398 cerise
399 cerveja	399 beer	399 bière
400 cerveja de barril (chopp) (PT)	400 barrel beer	400 bière pression
401 cerveja preta	401 black beer	401 bière brune
402 cervejaria	402 beer house	402 brasserie
403 cervo	403 stag	403 cerf
404 cesto	404 basket	404 panier
405 cesto de pão	405 bread basket	405 panier à pain
406 cetáceo	406 cetacean	406 cétacé
407 cevada	407 barley	407 orge
408 chá	408 tea	408 thé
409 chá de limão	409 lemon rind infusion	409 infusion de zeste de citron
410 chá de tília	410 lime infusion	410 infusion de tilleul
411 chá-preto	411 black tea	411 thé noir
412 chá-verde	412 green tea	412 thé vert
413 chalota	413 shallot	413 échalotte
414 chambão (ossobuco) (PT)	414 ossobuco	414 ossobuco
415 champanhe	415 champagne	415 champagne
416 chamuça (samosa) (PT)	416 samosa	416 beignet farci piquant triangulaire
417 chamuscado	417 toasted	417 roussi
418 chanfana (carne de cabrito cozida no vinho) (PT)	418 meat done in wine	418 fricassée de mou de veau, d'agneau
419 chanterelle (variedade de cogumelo)	419 chantarelle	419 chanterelle
420 chantili	420 chantilly	420 chantilly
421 charcutaria	421 charcuterie	421 charcuterie
422 charrua	422 plough	422 charrue
423 charuto	423 cigar	423 cigare
424 chávena	424 cup	424 tasse
425 chefe de sala (maître) (PT)	425 maître d'hôtel; headwaiter	425 maître d'hôtel
426 cheio	426 full	426 plein; complet
427 cheiro	427 odour	427 odeur
428 **cherne**	428 **stone bass; black grouper**	428 **cernier**
429 chicória	429 chicory	429 chicorée
430 chila (espécie de abóbora)	430 variety of squash	430 pastèque; melon du malabar
431 chili (pimenta-dedo-de-moça) (PT)	431 chilli	431 chili

ALEMÃO (Deutsch)

- 385 Kaviar
- 386 Zwiebel
- 387 gehackte Zwiebel
- 388 Zwiebelgericht
- 389 Schnittlauch
- 390 Nachtessen
- 391 Weihnachtliches Mitternachtsessen
- 392 Karotte; Möhre
- 393 Roggen
- 394 Steinpilz
- 395 Wachs
- 396 Getreide
- 397 **Kerbel**
- 398 Kirsche
- 399 Bier
- 400 Bierfass
- 401 Dunkler bier
- 402 Bierlokal; Brauerei
- 403 Hirsch
- 404 Korb
- 405 Brotkorb
- 406 Wal
- 407 Gerste
- 408 Tee
- 409 Zitronentee
- 410 Lindenblütentee
- 411 Schwarztee
- 412 grüner Tee
- 413 Schalotte
- 414 Ossobuco
- 415 Champagner
- 416 Samosa
- 417 angebrannt
- 418 mariniertes; gebratenes Ziegenfleisch
- 419 Pfifferling
- 420 Schlagsahne
- 421 Metzgerei
- 422 Pflug
- 423 Zigarre
- 424 Tasse
- 425 Oberkellner
- 426 voll besetzt
- 427 Geruch
- 428 **Wrackbarsch**
- 429 Zichorie
- 430 Feigenblattkürbis
- 431 Chili

ESPANHOL (Español)

- 385 caviar
- 386 cebolla
- 387 cebolla picada
- 388 rehogado de cebolla
- 389 cebollino
- 390 cena
- 391 cena de Navidad
- 392 zanahoria
- 393 centeno
- 394 cepe
- 395 cera
- 396 cereal
- 397 **perifollo**
- 398 cereza
- 399 cerveza
- 400 cerveza de barril
- 401 cerveza negra
- 402 cervecería
- 403 ciervo
- 404 cesto
- 405 cesto de pan
- 406 cetáceo
- 407 cebada
- 408 té
- 409 infusión de limón
- 410 infusión de tila
- 411 té normal
- 412 té verde
- 413 chalota
- 414 ossobuco
- 415 champán
- 416 samusa
- 417 chamuscado
- 418 guiso de cabra
- 419 cantarelos
- 420 chantilly
- 421 charcutería
- 422 arado
- 423 puro
- 424 taza
- 425 maître
- 426 lleno
- 427 olor
- 428 **cherna**
- 429 achicoria
- 430 cabello de ángel
- 431 chiles

cerefólio / cerefolho
chervil
cerfeuil
Kerbel
perifollo

cherne
stone bass; black grouper
cernier
Wrackbarsch
cherna

PORTUGUÊS	INGLÊS (English)	FRANCÊS (Français)
432 chispe (pé de porco) (PT)	432 pig's trotter	432 pied de cochon
433 **choco (molusco) (PT)**	433 **cuttlefish**	433 **seiche**
434 chocolate	434 chocolate	434 chocolat
435 chopp	435 beer glass	435 verre de bière
436 choquinho (molusco) (PT)	436 small cuttlefish	436 petite seiche
437 chorinha / chora (sopa de bacalhau) (PT)	437 codfish soup	437 soupe de morue
438 **choupa (peixe)**	438 **sea bream**	438 **griset**
439 choupo	439 poplar	439 peuplier
440 chouriço (linguiça defumada)	440 smoked sausage	440 saucisson
441 chucrute	441 sauerkraut	441 choucroute
442 churrasco	442 barbecue	442 grillade
443 cidra	443 cyder	443 cidre
444 cidrão	444 lemon scented verbena	444 verveine
445 cigarro	445 cigarette; tobacco	445 cigarette; tabac
446 cimbalino (café espresso na cidade do Porto) (PT)	446 espresso coffee	446 café expresso (à Porto)
447 cinzas	447 ash	447 cendre
448 cinzeiro	448 ash-tray	448 cendrier
449 citronela	449 citronella	449 citronelle
450 clara de ovo	450 egg white	450 blanc d'oeuf
451 clarete	451 claret	451 vin clairet
452 clarificar	452 clarify	452 clarifier
453 claro	453 clear	453 clair
454 clementina (variedade de tangerina)	454 clementine	454 clémentine
455 coalhada	455 curds	455 caillebotte
456 coar	456 sieve; filter	456 passer; filtrer
457 cobertura	457 cover	457 couverture
458 cobre	458 copper	458 cuivre
459 cobrir	459 cover	459 couvrir
460 cocktail (molho)	460 cocktail sauce	460 sauce cocktail
461 coco	461 coconut	461 noix de coco
462 côdea	462 crust	462 croûte
463 codorna	463 quail	463 caille
464 coelho de granja	464 farmed rabbit	464 lapin
465 coelho-do-mato	465 wild rabbit	465 lapin de garenne
466 coentrada (molho de coentro) (PT)	466 coriander sauce	466 sauce à la coriandre
467 coentro	467 coriander	467 coriandre
468 cogumelo	468 mushroom	468 champignon
469 colheita	469 harvest	469 cueillette
470 colher	470 spoon	470 cuillère
471 colher de café	471 coffee spoon	471 cuillère à café
472 colher de chá	472 tea spoon	472 cuillère à thé
473 colher de sobremesa	473 dessert spoon	473 cuillère à dessert
474 colher de sopa	474 soup spoon	474 cuillère à soupe
475 colmo	475 hive	475 chaume
476 colorau	476 paprika	476 paprika
477 comer	477 eat	477 manger
478 comestível	478 edible	478 comestible
479 comida	479 meal	479 repas

ALEMÃO (Deutsch)

432 Schweinsfuß
433 **Sepia**
434 Schokolade
435 kleines Fassbier
436 Kleiner tintenfisch
437 Stockfisch Suppe

438 **Streifenbrasse**
439 Pappel
440 geräucherte Paprikawurst
441 Sauerkraut
442 Spießbraten
443 Apfelwein
444 Zitronenverbene
445 Zigarette
446 Bezeichnung für Espresso in Porto
447 Asche
448 Aschenbecher
449 Citronelle
450 Eiweiß
451 Bleichert
452 läutern; klären
453 klar; hell
454 Clementine

455 Dickmilch
456 durchpassieren
457 Überzug
458 Kupfer
459 überziehen; bedecken
460 Cocktailsauce
461 Kokosnuss
462 Kruste
463 Wachtel
464 Hauskaninchen
465 Wildkaninchen
466 Koriandersauce

467 Koriander
468 Champignon; Pilz
469 Ernte
470 Löffel
471 Kaffeelöffel
472 Teelöffel
473 Dessertlöffel
474 Suppenlöffel
475 Stroh
476 Paprika
477 essen
478 essbar
479 Mahlzeit

ESPANHOL (Español)

432 lácon; manita de cerdo
433 **choco**
434 chocolate
435 caña
436 choquitos
437 sopa de pescado

438 **chopa**
439 álamo
440 chorizo
441 chucrut
442 churrasco
443 sidra
444 hierba luisa
445 cigarrillo; tabaco
446 café solo

447 ceniza
448 cenicero
449 citronela
450 clara de huevo
451 vino clarete
452 clarificar
453 claro
454 clementina

455 cuajada
456 colar
457 cobertura
458 cobre
459 cubrir
460 cocktail (salsa)
461 coco
462 costra
463 codorniz
464 conejo manso
465 conejo silvestre
466 salsa de cilantro

467 cilantro
468 seta
469 cosecha
470 cuchara
471 cucharilla de café
472 cucharilla de te
473 cucharilla de postre
474 cuchara de sopa
475 colmo
476 pimentón; paprica
477 comer
478 comestible
479 comida

choco
cuttlefish
seiche
Sepia
choco

choupa
sea bream
griset
Streifenbrasse
chopa

PORTUGUÊS	INGLÊS (English)	FRANCÊS (Français)
480 **cominho**	480 **cumin**	480 **cumin**
481 compota	481 fruit preserve	481 compote
482 compoteira	482 jam pot	482 compotier
483 concentrado	483 concentrated	483 concentré
484 concha (talher)	484 soup-ladle	484 louche
485 condimentado	485 seasoned	485 assaisonné
486 condimento	486 seasoning	486 assaisonnement
487 confeitaria	487 confectioners	487 pâtisserie
488 congelado	488 frozen	488 congelé
489 **congro**	489 **conger eel**	489 **congre**
490 conquilha (molusco) (PT)	490 cockle	490 olive de mer
491 conserva	491 preserve	491 conserve
492 conservante	492 preservative	492 conservant
493 consoada (ceia de Natal) (PT)	493 Christmas Eve supper	493 réveillon de Noël
494 consomê	494 consommé	494 consommé
495 conta	495 bill	495 addition
496 contrafilé	496 flank steak	496 contrefilet
497 conventual	497 convent-style	497 conventuel
498 convidado	498 guest	498 invité
499 copa	499 utility room	499 office
500 copo	500 glass	500 verre
501 coquetel	501 cocktail	501 cocktail
502 coração	502 heart	502 coeur
503 corado	503 cooked until golden	503 rissolé
504 coral	504 coral	504 corail
505 corante	505 colouring agent	505 colorant
506 corça	506 doe	506 biche
507 cordeiro	507 lamb	507 agneau
508 coriandro	508 coriander	508 coriandre
509 corinto (uva-passa preta)	509 currant	509 corinthe
510 coroa	510 crown	510 couronne
511 cortado	511 cut	511 coupé
512 cortiça	512 cork	512 liège
513 coruja	513 owl	513 corneille
514 **corvina**	514 **croaker**	514 **maigre**
515 costa (geografia)	515 coast	515 côte
516 costela	516 rib	516 côte
517 costeleta	517 chop	517 côtelette
518 costeletão (PT)	518 cutlet	518 grande côtelette
519 cotovia	519 skylark	519 alouette
520 couratos (pururuca) (PT)	520 crackling	520 peau de porc frite
521 coutada (área privada de caça) (PT)	521 private forest land	521 réserve de chasse
522 couto (área de caça) (PT)	522 enclosed hunting ground	522 chasse
523 couve	523 cabbage	523 chou
524 couve-de-bruxelas	524 brussels sprout	524 chou de bruxelles
525 couve-flor	525 cauliflower	525 chou fleur
526 couve-galega	526 tree or cow cabbage	526 chou vert en arbre; chou cavalier
527 couve-lombarda (repolho-crespo) (PT)	527 savoy cabbage	527 chou de milan

ALEMÃO (Deutsch)

480 **Kümmel**
481 Kompott
482 Kompottschüssel
483 konzentriert
484 Kelle
485 gewürzt
486 Würze; Gewürz
487 Konditorei
488 eingefroren; tiefgekühlt
489 **Meeraal**
490 Dreiecksmuschel
491 Konserve
492 Konservierungsmittel
493 Weihnachtliches Mitternachtsessen
494 Kraftbrühe
495 Rechnung
496 Roastbeef
497 klösterlich
498 Gast
499 Anrichte
500 Glas
501 Cocktail
502 Herz
503 Braun gebraten
504 Koralle
505 Farbstoff
506 Reh
507 Lamm
508 Koriander
509 Korinthe
510 Krone
511 geschnitten
512 Kork
513 Eule
514 **Schattenfisch**
515 Küste
516 Rippe
517 Kotelett
518 großes Kotelett
519 Lerche
520 knusprig gegrillte Schwarte
521 Gehege

522 Jagdrevier
523 Kohl
524 Rosenkohl
525 Blumenkohl
526 Grünkohl

527 Wirsing-Kohl

ESPANHOL (Español)

480 **comino**
481 compota
482 compotera
483 concentrado
484 cucharón de servir sopa
485 condimentado; aliñado
486 condimento; aliño
487 pastelería
488 congelado
489 **congrio**
490 coquina
491 conserva
492 conservante
493 cena de Navidad

494 consomé
495 cuenta
496 corte de carne (vacuno)
497 conventual
498 invitado
499 antesala de la cocina
500 copa
501 cóctel
502 corazón
503 dorado
504 coral
505 colorante
506 corza
507 cordero
508 cilantro
509 corinto (pasas de)
510 corona
511 cortado
512 corcho
513 lechuza
514 **corvina**
515 costa
516 costilla
517 chuleta
518 chuletón
519 alondra
520 pellejos curtidos de cerdo
521 acotada

522 coto
523 col
524 col de bruselas
525 coliflor
526 repollo verde

527 lombarda

cominho
cumin
cumin
Kümmel
comino

congro
conger eel
congre
Meeraal
congrio

corvina
croaker
maigre
Schattenfisch
corvina

PORTUGUÊS	INGLÊS (English)	FRANCÊS (Français)
528 couvert	528 appetizer	528 hors-d'oeuvres
529 coxa	529 thigh	529 cuisse
530 coxa de rã	530 frog's leg	530 cuisse de grenouille
531 cozer	531 cook	531 cuire
532 cozido	532 boiled	532 bouilli
533 cozinha	533 kitchen	533 cuisine
534 cozinhado	534 cooked	534 mets
535 cozinhar	535 cook	535 cuire
536 cozinheiro	536 cook	536 cuisinier
537 cravinho (cravo-da-índia) (PT)	537 clove	537 clou-de-girofle
538 cravo (flor)	538 carnation	538 oeillet
539 **cravo-da-índia**	539 **clove**	539 **clou-de-girofle**
540 creme	540 crème	540 crème
541 crème brulée	541 crème brûlée	541 crème brûlée
542 creme de marisco	542 crème of shellfish	542 bisque
543 creme queimado (crème brulée) (PT)	543 crème brûlée	543 crème brûlée
544 crepe	544 crêpe	544 crêpe
545 criação (de gado)	545 livestock farming	545 elevage
546 criado	546 livestock	546 elevé
547 cristalizado	547 crystallised	547 cristallisé
548 crocante	548 crunchy	548 croquant
549 crocodilo	549 crocodile	549 crocodile
550 croquete	550 meat or fish patty	550 croquette
551 croutons	551 croutons	551 croûtons
552 cru	552 raw	552 cru
553 crustáceo	553 crustacean	553 crustacés
554 culinária	554 culinary art	554 art culinaire
555 cultivador	555 grower; farmer	555 agriculteur
556 cumquat	556 kumquat	556 kumquat
557 curado	557 cured	557 sec (saucisson, fromage)
558 curgete (abobrinha) (PT)	558 courgette	558 courgette
559 curry	559 curry	559 curry
560 cuscuz	560 couscous	560 couscous
561 damasco	561 apricot	561 abricot
562 **dátero (molusco) (PT)**	562 **date shell**	562 **datte de mer**
563 decantar	563 decanter	563 décanter
564 decorado	564 decorated	564 décoré
565 decorar	565 decorate	565 décorer
566 defumado	566 smoked	566 fumé
567 defumadouro	567 smokery	567 fumoir
568 degustação	568 wine tasting	568 dégustation
569 delicadeza	569 delicacy	569 délicatesse
570 delícias do mar (kani) (PT)	570 surimi	570 surimi
571 demasiado	571 too much	571 trop
572 demolhado (de molho) (PT)	572 soak	572 trempé; macéré
573 **dentão (peixe)**	573 **dog's tooth bream**	573 **denté**
574 depurar	574 purify; clarify	574 purifier; clarifier
575 derreter	575 melt; liquify	575 fondre
576 derretido	576 melt	576 fondu
577 descafeinado	577 decaffeinated	577 décafeiné

ALEMÃO (Deutsch)

528 Vorspeise
529 Schenkel
530 Froschschenkel
531 kochen
532 gekocht
533 Küche
534 gericht
535 kochen
536 Koch
537 Gewürznelke
538 Nelke
539 **Gewürznelke**
540 Creme (suppe)
541 Crème brulée
542 Meeresfrüchte Krem
543 Crème brulée

544 Crepe
545 Viehzucht
546 Kellner
547 kristallisiert; kandiert
548 knusprig
549 Krokodil
550 Krokette
551 Croutons
552 roh
553 Krebstier
554 Kochkunst
555 Bauer
556 Kumquat
557 gepökelt
558 Zucchini
559 Curry
560 Couscous
561 Aprikose
562 **Dattel**
563 dekantieren
564 verziert
565 dekorieren
566 Geräuchert
567 Räucherkammer; Räncherei
568 Verkostung
569 Delikatesse
570 Surimi
571 zu sehr; zu viel
572 gewässert
573 **Zahnbrasse**
574 läutern; klären
575 schmelzen
576 geschmolzen
577 entkoffeiniert

ESPANHOL (Español)

528 aperitivo
529 muslo
530 anca de rana
531 cocer
532 cocido
533 cocina
534 cocinado
535 cocer
536 cocinero
537 clavo
538 clavel
539 **clavo**
540 crema
541 crema catalana
542 crema de marisco
543 crema catalana

544 crep
545 cría
546 criado
547 cristalizado
548 crocante
549 cocodrilo
550 croqueta
551 costrones
552 crudo
553 crustáceo
554 métodos de cocina
555 cultivador
556 kumquat
557 en salazón
558 calabacín
559 curry
560 cuscús
561 albaricoque
562 **dátil de mar**
563 decantar
564 adornado
565 decorar
566 ahumado
567 ahumadero
568 degustación
569 delicadeza
570 palitos de cangrejo
571 demasiado
572 remojado
573 **dentón**
574 depurar
575 fundir
576 derretido
577 descafeinado

cravo-da-índia
clove
clou-de-girofle
Gewürznelke
clavo

dátero
date shell
datte de mer
Dattel
dátil de mar

dentão
dog's tooth bream
denté
Zahnbrasse
dentón

PORTUGUÊS	INGLÊS (English)	FRANCÊS (Français)
578 descarnado (separado das carnes) (PT)	578 descale	578 décharné
579 descascado	579 peeled	579 épluché
580 descongelado	580 defrosted	580 décongelé
581 desconto	581 reduction; discount	581 rabais
582 desespinhar (tirar as espinhas) (PT)	582 debone	582 retirer les arrêtes
583 desfiado	583 shredded	583 effilé; effiloché
584 deslavado (sem gosto) (PT)	584 insipid; faded	584 délavé
585 despensa	585 pantry	585 garde-manger
586 destampar	586 uncover	586 découvrir; déboucher
587 destilaria	587 distillery	587 distillerie
588 devagar	588 slowly	588 lentement
589 diabo (molho)	589 sauce diable	589 sauce diable
590 dieta	590 diet	590 régime; diète
591 digerir	591 digest	591 digérer
592 digestão	592 digestion	592 digestion
593 **dill**	593 **dill**	593 **aneth**
594 diluir	594 dilute	594 diluer
595 dinheiro	595 money	595 argent
596 dióspiro (caqui) (PT)	596 persimmon	596 kaki
597 dissolver	597 dissolve	597 dissoudre
598 dobradinha	598 tripe	598 tripes de veau
599 doçaria	599 confectionery	599 confiserie
600 doce	600 sweet	600 doux; sucré
601 doce de ovos	601 sweetened egg	601 sucrerie aux oeufs
602 doces	602 dessert	602 sucrerie; desserts
603 domingo	603 sunday	603 dimanche
604 dose	604 portion	604 portion
605 **dourada (peixe) (PT)**	605 **gilt head bream**	605 **dorade**
606 dourado	606 golden	606 doré
607 duro	607 hard	607 dur
608 dúzia	608 dozen	608 douzaine
609 ebulição	609 boiling	609 ebullition
610 echalota	610 shallot	610 échalotte
611 efervescente	611 effervescent	611 effervescent
612 eiró (enguia) (PT)	612 eel	612 anguille
613 embriagado	613 enebriated; drunk	613 enivré
614 embutidos	614 sausages	614 saucisses et saucissons
615 ementa (cardápio) (PT)	615 menu	615 menu
616 empada	616 small pie or pasty	616 petit pâté
617 empada de galinha	617 chicken patty	617 petit pâté au poulet
618 empadão	618 meat or fish pie	618 hachis parmentier
619 empanado	619 breaded	619 pané
620 empanar	620 bread	620 paner
621 empregado de mesa (garçom) (PT)	621 waiter	621 garçon (dans un restaurant)
622 emulsão	622 emulsion	622 emulsion
623 encher (rechear) (PT)	623 fill	623 remplir
624 enchidos (embutidos) (PT)	624 sausages	624 saucisses et saucissons
625 endívia	625 endive	625 endive
626 endro	626 dill	626 aneth

ALEMÃO (Deutsch)

578 entfleischt

579 geschält
580 aufgetaut
581 Rabatt
582 entgräten

583 zerpflückt
584 fade
585 Speisekammer
586 aufdecken
587 Brennerei
588 langsam
589 Teufelssauce
590 Diät
591 verdauen
592 Verdauung
593 **Dill**
594 auflösen; zerlassen
595 Geld
596 Khakifrucht
597 auflösen
598 Kutteln
599 Süßwaren
600 Süß
601 Eiersüßspeise
602 Süßigkeiten
603 Sonntag
604 Portion
605 Goldbrasse
606 golden
607 hart
608 Dutzend
609 Aufkochen; Sieden
610 Schalotte
611 aufwallend
612 Flussaal
613 betrunken
614 Würste
615 Speisekarte; Menü
616 Pastete
617 Pastete mit Hühnerfleisch
618 Auflauf
619 paniert
620 panieren
621 Kellner

622 Emulsion
623 füllen
624 Würste
625 Endivie
626 Dill

ESPANHOL (Español)

578 descarnado

579 pelado
580 descongelado
581 descuento
582 desespinar

583 deshilado
584 desabrido
585 despensa
586 destapar
587 destilería
588 despacio
589 diablo (salsa)
590 dieta
591 digerir
592 digestión
593 **eneldo**
594 diluir
595 dinero
596 caqui
597 disolver
598 callos
599 repostería
600 dulce
601 dulce de huevos
602 dulces
603 domingo
604 ración; dosis
605 **dorada**
606 dorado
607 duro
608 docena
609 ebullición
610 chalota
611 efervescente
612 anguila
613 embiagrado
614 embutidos
615 menú
616 aguja
617 aguja de pollo
618 empanada
619 empanado
620 empanar
621 camarero

622 emulsión
623 llenar
624 embutidos
625 endibia
626 eneldo

dill
dill
aneth
Dill
eneldo

dourada
gilt head bream
dorade
Goldbrasse
dorada

[35]

PORTUGUÊS	INGLÊS (English)	FRANCÊS (Français)
627 enfarinhado	627 rolled in flour	627 fariné
628 enfeitado	628 decorated	628 décoré
629 engordar	629 fatten	629 engraisser
630 **enguia**	630 **eel**	630 **anguille**
631 enrolado (rolê) (PT)	631 rolled; roulé	631 enroulé; roulé
632 ensopado	632 stew; ragout	632 ragoût
633 ensopado de enguias	633 eel stew	633 ragoût d'anguilles
634 entornar	634 drop	634 renverser
635 entrada	635 starters	635 entrée
636 entrecosto (costela de porco) (PT)	636 spare-ribs	636 travers de porc
637 enxuto	637 dry	637 sec
638 época	638 season	638 epoque; saison
639 eruca (rúcula) (PT)	639 roquette	639 roquette
640 erva-benta (mache) (PT)	640 wood avens; herb bennet	640 mâche; doucette
641 erva-cidreira	641 lemon balm	641 cédrat; mélisse
642 erva-doce	642 anise	642 anis
643 ervas	643 herbs	643 herbes
644 ervas aromáticas	644 aromatic herbs	644 fines herbes
645 ervilha	645 pea	645 petit pois
646 escabeche (molho)	646 vinegar sauce used for meat or fish	646 sorte de vinaigrette
647 escalfado (pochê) (PT)	647 poached	647 poché
648 escalope	648 scalloped	648 escalope
649 escargot	649 snail	649 escargot
650 escolher	650 choose; select	650 choisir
651 escorrido	651 drained	651 egoutté
652 esfriar	652 cool	652 refroidir
653 esmagado	653 crushed; pressed	653 ecrasé
654 **espadarte (peixe)**	654 **swordfish**	654 **espadon**
655 espaguete	655 spaghetti	655 spaghetti
656 espargo (aspargo) (PT)	656 asparagus	656 asperge
657 esparregado (espinafre cozido e batido) (PT)	657 mashed cooked spinach	657 epinards cuits et hâchés
658 especialidade	658 speciality	658 spécialité
659 especialidade regional	659 regional speciality	659 spécialité régionale
660 especiarias	660 spices	660 epices
661 espelho	661 mirror	661 miroir
662 espesso	662 thick	662 epais
663 espetada (brochete) (PT)	663 spit; skewer	663 brochette
664 espeto	664 spit; skewer	664 broche
665 **espiga de milho**	665 **ear of corn**	665 **epis de mais**
666 espinafre	666 spinach	666 épinard
667 espinha (de peixe)	667 fishbone	667 arrête
668 espinheiro	668 bramble	668 ronce
669 espirradeira	669 oleander	669 laurier-rose
670 espremer	670 squeeze	670 presser
671 espresso (café)	671 espresso	671 expresso
672 espumante	672 foaming; sparkling	672 mousseux
673 essência	673 essence	673 essence
674 estação	674 season	674 saison
675 estaladiço (crocante) (PT)	675 crunchy	675 croustillant

ALEMÃO (Deutsch)

- *627* bemehlt
- *628* verziert
- *629* zunehmen
- *630* **Flussaal**
- *631* aufgerollt; eingerollt
- *632* Eintopf
- *633* Aaleintopf
- *634* stürzen
- *635* Vorspeise
- *636* Entrecote

- *637* trocken
- *638* Saison
- *639* Rucola; Rauke
- *640* echte Nelkenwurz
- *641* Zitronenmelisse
- *642* Anis
- *643* Kräuter
- *644* Gewürzkräuter
- *645* Erbse
- *646* Marinade

- *647* pochiert
- *648* Schnitzel
- *649* Schnecke
- *650* wählen
- *651* abgetropft
- *652* (ab)kühlen
- *653* zerdrückt
- *654* **Schwertfisch**
- *655* Spaghetti
- *656* Spargel
- *657* Spinat (gehackt und gebacken)
- *658* Spezialität
- *659* regionale Spezialität
- *660* Gewürze
- *661* Spiegel
- *662* dickflüssig
- *663* Spieß (Gericht)
- *664* Spieß (Gerät)
- *665* **Maiskolben**
- *666* Spinat
- *667* Gräte
- *668* Brombeerstrauch
- *669* Oleander
- *670* auspressen
- *671* Espresso
- *672* Schaumwein
- *673* Essenz
- *674* Jahreszeit
- *675* knusprig

ESPANHOL (Español)

- *627* enharinado
- *628* adornado
- *629* engordar
- *630* **anguila**
- *631* enrollado
- *632* guisado
- *633* guiso de anguilas
- *634* verter
- *635* entremés
- *636* costillar

- *637* seco
- *638* época
- *639* rúcola
- *640* hierba bendita
- *641* toronjil; melisa
- *642* ajonjolí
- *643* hierbas
- *644* hierbas aromáticas
- *645* guisante
- *646* escabeche

- *647* escalfado
- *648* escalope
- *649* caracol
- *650* escoger
- *651* escurrido
- *652* enfriar
- *653* aplastado
- *654* **emperador**
- *655* espagueti
- *656* espárrago
- *657* puré de espinacas

- *658* especialidad
- *659* especialidad regional
- *660* especias
- *661* espejo
- *662* espeso
- *663* brocheta
- *664* pincho
- *665* **espiga de maíz**
- *666* espinacas
- *667* espina
- *668* zarza
- *669* adelfa
- *670* exprimir
- *671* exprés
- *672* vino espumoso
- *673* esencia
- *674* estación
- *675* crujiente

enguia
eel
anguille
Flussaal
anguila

espadarte
swordfish
espadon
Schwertfisch
emperador

espiga de milho
ear of corn
epis de mais
Maiskolben
espiga de maíz

PORTUGUÊS	INGLÊS (English)	FRANCÊS (Français)
676 estômago	676 stomach	676 estomac
677 estorninho (peixe)	677 spanish mackeral	677 maquereau espagnol
678 **estragão**	678 **tarragon**	678 **estragon**
679 estufado (abafado) (PT)	679 stewed	679 etouffé
680 **esturjão (peixe)**	680 **sturgeon**	680 **esturgeon**
681 esvaziar	681 empty	681 vider
682 excedente	682 left over	682 excédent
683 extrato	683 extract	683 extrait
684 faca	684 knife	684 couteau
685 **faisão**	685 **pheasant**	685 **faisan**
686 faneca (peixe)	686 pout	686 tacaud
687 farinha	687 flour	687 farine
688 farinheira (variedade de linguiça) (PT)	688 pork sausage with flour flavouring	688 sorte d'andouille
689 farnel	689 picnic hamper	689 provisions pour la route; viatiquer
690 fataça (tainha) (PT)	690 grey mullet	690 mulet
691 fatia	691 slice	691 tranche
692 fatia de pão	692 slice of bread	692 tranche de pain
693 fatiado	693 sliced	693 en tranches
694 fatura	694 invoice	694 facture
695 fava	695 broad bean	695 fève
696 favada (PT)	696 bean dish	696 plat de fèves
697 favo de mel	697 honeycomb	697 rayon de miel
698 febra (escalope de porco) (PT)	698 pork steaklet	698 tranche; escalope
699 fechado	699 closed	699 fermé
700 fécula	700 starch	700 fécule
701 feijão seco	701 dried bean	701 haricot sec
702 feijão-branco	702 white bean	702 haricot blanc; flageolet
703 feijão-frade	703 black-eyed bean	703 cornilles; mongettes
704 feijão-manteiga	704 butter bean	704 haricot beurré
705 feijão-preto	705 black bean	705 haricot noir
706 feijão-verde (vagem)	706 green or runner bean	706 haricot vert
707 feijão-vermelho	707 red bean	707 haricot rouge
708 feijoada	708 bean stew	708 sorte de cassoulet
709 feira livre	709 street market	709 marché
710 fermento	710 yeast	710 levure
711 ferreira (peixe)	711 striped sea bream	711 marbré
712 ferro	712 iron	712 fer
713 fervido	713 boiling	713 ebouillanté
714 fiambre	714 ham	714 jambon
715 fígado	715 liver	715 foie
716 figo	716 fig	716 figue
717 filé	717 fillet	717 filet
718 filhós (bolinhos fritos de farinha e ovos) (PT)	718 fried egg and flour cakes in syrup	718 beignets
719 filtrar	719 sieve; filter	719 passer; filtrer
720 filtro	720 filter	720 filtre
721 financeiro (molho)	721 a rich sauce with mushrooms, olives, lemon juice and madeira wine	721 sauce financière

ALEMÃO (Deutsch)

- 676 Magen
- 677 spanische Makrele
- 678 **Estragon**
- 679 gedämpft
- 680 **Stör**
- 681 (aus)leeren; ausnehmen
- 682 Überschuss; Überbleibsel
- 683 Extrakt
- 684 Messer
- 685 **Fasan**
- 686 Franzosendorsch
- 687 Mehl
- 688 Räucherwurst mit Maismehl

- 689 Lunchpaket; Korb

- 690 Meeräsche
- 691 Scheibe
- 692 Brotscheibe
- 693 in Scheiben geschnitten
- 694 Rechnung
- 695 Saubohne
- 696 Bohneneintopf
- 697 Honigwabe
- 698 Schnitzel

- 699 geschlossen
- 700 Stärkemehl
- 701 Bohne
- 702 weiße Bohne
- 703 Wachtelbohne
- 704 Butterbohne
- 705 schwarze Bohne
- 706 grüne Bohne
- 707 rote Bohne
- 708 Bohnengericht
- 709 Markt
- 710 Hefe
- 711 Marmorbrasse
- 712 Eisen
- 713 siedend
- 714 gekochter Schinken
- 715 Leber
- 716 Feige
- 717 Filet
- 718 Krapfen

- 719 durchpassieren
- 720 Filter
- 721 Sauce financière

ESPANHOL (Español)

- 676 estómago
- 677 pez estornino
- 678 **estragón**
- 679 estofado
- 680 **esturión**
- 681 verter
- 682 excedente
- 683 extracto
- 684 cuchillo
- 685 **faisán**
- 686 faneca
- 687 harina
- 688 farinato

- 689 comida para el viaje

- 690 morragute
- 691 rodaja
- 692 rodaja de pan
- 693 cortado en rodajas
- 694 factura
- 695 habas
- 696 guiso de habas
- 697 colmena
- 698 escalope de cerdo

- 699 cerrado
- 700 fécula
- 701 judía seca
- 702 judía blanca
- 703 judía pinta
- 704 judía tipo asturiana
- 705 judía negra
- 706 judía verde
- 707 judía roja
- 708 fabada
- 709 plaza
- 710 fermento
- 711 herrera
- 712 hierro
- 713 hervido
- 714 jamón de york
- 715 hígado
- 716 higo
- 717 filete
- 718 filloas

- 719 colar
- 720 filtro
- 721 financiera (salsa a la)

estragão
tarragon
estragon
Estragon
estragón

esturjão
sturgeon
esturgeon
Stör
esturión

faisão
pheasant
faisan
Fasan
faisán

[39]

PORTUGUÊS	INGLÊS (English)	FRANCÊS (Français)
722 fino (chopp) (PT)	722 beer glass	722 verre de bière
723 fino (tamanho)	723 fine; thin	723 fin
724 fios de ovos	724 egg strands and sugar	724 vermicelles d'oeufs et de sucre
725 físalis	725 phisalis	725 phisalis
726 flambado	726 flambé	726 flambé
727 flamejado	727 flamed	727 passé par les flames
728 floco	728 flock	728 flocon
729 flor	729 flower	729 fleur
730 flor de sal	730 fleur de sel	730 fleur de sel
731 fofo	731 light	731 léger
732 fogo	732 fire; flame	732 feu
733 folha	733 leaf	733 feuille
734 folhado	734 puff pastry	734 feuilleté
735 fome	735 hunger	735 faim
736 fondue	736 fondue	736 fondue
737 fonte	737 source	737 source
738 fornada	738 oven-baked	738 fournée
739 forno	739 oven	739 four
740 forte	740 strong	740 fort
741 fósforo	741 matchstick	741 allumette
742 framboesa	742 raspberry	742 framboise
743 franga	743 pullet	743 poularde
744 franganito / franganote (franguinho) (PT)	744 young hen	744 petit poulet
745 frango	745 chicken	745 poulet
746 frango ao curry	746 chicken curry	746 curry de poulet
747 franguinho	747 young hen	747 petit poulet
748 fresco	748 fresh	748 frais
749 fricassê	749 fricassee	749 fricassée
750 frigideira	750 frying pan	750 poêle à frire
751 frio	751 cold	751 froid
752 frios	752 cold meats	752 viandes froides
753 fritada (de peixe)	753 fry-up	753 friture (surtout de poisson)
754 frito	754 fried	754 frit
755 frito misto de peixe (PT)	755 fish fry-up	755 friture de poissons
756 fritura	756 a fry	756 friture
757 fruta	757 fruit	757 fruit
758 fruta cristalizada	758 crystallised fruit	758 fruits cristallisés; confits
759 **fruta-de-conde**	759 sugar-apple	759 **anone**
760 frutos do mar	760 shellfish	760 fruits de mer
761 fumaça	761 smoke	761 fumée
762 fumado (defumado) (PT)	762 smoked	762 fumé
763 fumeiro (defumadouro)	763 smokery	763 fumoir
764 fumo (fumaça) (PT)	764 smoke	764 fumée
765 **funcho**	765 fennel	765 **fenouil**
766 fundir	766 melt; liquify	766 fondre
767 funil	767 funnel	767 entonnoir
768 gado	768 cattle	768 bétail
769 gaio (ave)	769 jay	769 geai
770 gaivota	770 seagull	770 mouette

ALEMÃO (Deutsch)

- 722 kleines Fassbier
- 723 dünn
- 724 Eierfäden

- 725 Physalis
- 726 flambiert
- 727 geflämmt
- 728 Flocke
- 729 Blume
- 730 Fleur de sel
- 731 leicht
- 732 Feuer
- 733 Blatt
- 734 blätterteig
- 735 Hunger
- 736 Fondue
- 737 Quelle
- 738 Schub
- 739 Backofen
- 740 stark; kräftig
- 741 Streichholz
- 742 Himbeere
- 743 Hühnchen
- 744 junges Hähnchen

- 745 Hähnchen
- 746 Hühnercurry
- 747 junges Hähnchen
- 748 kühl; frisch
- 749 Frikassee
- 750 Bratpfanne
- 751 kalt
- 752 Bratenaufschnitt
- 753 gebratener Fisch (gemischt)
- 754 gebraten
- 755 gebratener Fisch (gemischt)
- 756 Braten
- 757 Obst
- 758 kandierte Früchte
- 759 **Zimtapfel**
- 760 Meeresfrüchte
- 761 Rauch
- 762 Geräuchert
- 763 Räucherkammer; Räncherei
- 764 Rauch
- 765 **Fenchel**
- 766 schmelzen
- 767 Trichter
- 768 Vieh
- 769 Häher
- 770 Möwe

ESPANHOL (Español)

- 722 caña
- 723 fino
- 724 huevos hilados

- 725 phisalis
- 726 flambeado
- 727 flameado
- 728 copo
- 729 flor
- 730 flor de sal
- 731 ligero
- 732 fuego
- 733 hoja
- 734 hojaldre
- 735 hambre
- 736 fondue
- 737 fuente
- 738 hornada
- 739 horno
- 740 fuerte
- 741 fósforo
- 742 frambuesa
- 743 gallina joven
- 744 pollito

- 745 pollo
- 746 pollo al curry
- 747 pollito
- 748 fesco
- 749 fricasé
- 750 sartén
- 751 frío
- 752 carnes frías
- 753 fritura
- 754 frito
- 755 fritura mixta de pescado
- 756 fritura
- 757 fruta
- 758 fruta escarchada
- 759 **anona**
- 760 mariscos
- 761 humo
- 762 ahumado
- 763 ahumadero
- 764 humo
- 765 **hinojo**
- 766 fundir
- 767 embudo
- 768 ganado
- 769 gayo
- 770 gaviota

fruta-de-conde
sugar-apple
anone
Zimtapfel
anona

funcho
fennel
fenouil
Fenchel
hinojo

PORTUGUÊS	INGLÊS (English)	FRANCÊS (Français)
771 galantina	771 gelatine	771 galantine
772 galão (café com leite no copo) (PT)	772 milk coffee served in a glass	772 café au lait servi dans un verre
773 galeto	773 chick or chicken	773 poussin
774 galheteiro	774 cruet stand	774 huilier
775 galináceo	775 domestic fowl and game birds	775 gallinacé
776 galinha	776 hen	776 poule
777 galinha caipira	777 grouse	777 coq de bruyère
778 galinheiro	778 hen run	778 poulailler
779 galinhola	779 woodcock	779 bécasse
780 galo	780 rooster; cock	780 coq
781 gamba (camarão) (PT)	781 shrimp	781 crevette
782 gamba rosada (camarão rosa) (PT)	782 pink shrimp	782 crevette rouge
783 gamo	783 fallow deer	783 daim
784 ganso	784 goose	784 oie
785 garça	785 heron	785 héron; échassier
786 garçom	786 waiter	786 garçon (dans un restaurant)
787 garfo	787 fork	787 fourchette
788 gargalo	788 neck of bottle	788 goulot
789 garganta	789 throat	789 gorge
790 garoto (chopp)	790 small draft beer	790 petite bierre pression
791 garoto (cafezinho pingado) (PT)	791 small cup of coffee with milk	791 café au lait dans une petite tasse
792 **garoupa**	792 **grouper**	792 **mérou blanc**
793 garrafa	793 bottle	793 bouteille
794 garrafão	794 pitcher	794 bombonne
795 gás	795 gas	795 gaz
796 gasoso	796 carbonated	796 gazeux
797 gaspacho	797 gaspacho	797 gaspacho
798 gastronomia	798 gastronomy	798 gastronomie
799 gavião	799 sparrow-hawk	799 epervier
800 gelado (sorvete cremoso) (PT)	800 ice-cream	800 glace
801 gelado (temperatura)	801 frozen	801 gelé
802 gelatina	802 gelatine	802 gélatine
803 geleia	803 jelly	803 gelée
804 gelo	804 ice	804 glace
805 gema de ovo	805 egg yolk	805 jaune d'oeuf
806 **gengibre**	806 **ginger**	806 **gingembre**
807 gerânio	807 geranium	807 géranium
808 gergelim	808 sesame	808 sésame
809 gesso	809 plaster	809 plâtre
810 gila (espécie de abóbora)	810 malabar melon	810 pastèque ou melon du malabar
811 ginja (variedade de cereja)	811 morello cherry	811 griotte; merise
812 ginjinha (aguardente de ginja) (PT)	812 morello cherry brandy	812 liqueur de griottes
813 girassol	813 sunflower	813 tournesol
814 glândula	814 gland	814 glande
815 glicerina	815 glycerine	815 glycérine
816 **goiaba**	816 **guava**	816 **goyave**
817 golfinho	817 dolphin	817 dauphin
818 gomo (...de laranja)	818 wedge	818 quartier (d'orange)

ALEMÃO (Deutsch)

771 Galantine
772 Milchkaffee im glas

773 Stubenküken
774 Essig und Ölgestell
775 Hühnervogel
776 Huhn
777 Wildhuhn
778 Hühnerstall
779 Schnepfe
780 Hahn
781 Garnele
782 afrikanische Tiefseegarnele

783 Damhirsch
784 Gans
785 Reiher
786 Kellner
787 Gabel
788 Flaschenhals
789 Hals; Kehle
790 kleines Fassbier
791 Espresso mit Milch

792 **weißer Zackenbarsch**
793 Flasche
794 Korbflasche
795 Kohlensäure
796 kohlensäurehaltig
797 Gaspacho
798 Gastronomie
799 Sperber
800 Speiseeis
801 eiskalt
802 Gelatine
803 Gelee
804 Eis
805 Eigelb
806 **Ingwer**
807 Geranie
808 Sesam
809 Gips
810 Feigenblattkürbis
811 Sauerkirsche
812 Kirschlikör

813 Sonnenblume
814 Drüse
815 Glyzerin
816 **Guave**
817 Delfin
818 Spalte (einer Orange)

ESPANHOL (Español)

771 galantina
772 café con leche

773 gallito
774 vinagreras
775 gallináceo
776 gallina
777 gallina silvestre
778 gallinero
779 becada
780 gallo
781 gamba
782 gamba rosada

783 gamo
784 ganso
785 garza
786 camarero
787 tenedor
788 cuello de la botella
789 garganta
790 caña
791 café con leche en vaso pequeño

792 **cherne de ley**
793 botella
794 garrafón
795 gas
796 gaseoso
797 gazpacho
798 gastronomía
799 gavilán
800 helado
801 helado
802 gelatina
803 jalea
804 hielo
805 yema de huevo
806 **jengibre**
807 geranio
808 sésamo
809 yeso
810 cabello de ángel
811 guinda
812 licor de guinda

813 girasol
814 glándula
815 glicerina
816 **guayaba**
817 delfín
818 gajo (...de naranja)

garoupa
grouper
mérou blanc
weißer Zackenbarsch
cherne de ley

gengibre
ginger
gingembre
Ingwer
jengibre

goiaba
guava
goyave
Guave
guayaba

[43]

PORTUGUÊS	INGLÊS (English)	FRANCÊS (Français)
819 goraz (peixe)	819 red sea bream	819 dorade rose
820 gordo	820 fat	820 gras
821 gordura	821 fat	821 graisse
822 gorduroso	822 fatty	822 graisseux
823 gorjeta	823 tip	823 pourboire
824 gosto	824 flavour; taste	824 goût; saveur
825 gostoso	825 tasty	825 savoureux
826 grainha (pequena semente)	826 pip	826 pépin
827 grama (peso)	827 gram	827 gramme
828 granja	828 grange; farm	828 grange
829 grão	829 seed	829 grain
830 grão de pimenta	830 peppercorn	830 grain de poivre
831 grão-de-bico	831 chickpea	831 pois chiche
832 grapefruit	832 grapefruit	832 pamplemousse
833 gratificação	833 tip	833 pourboire
834 gratinado	834 gratiné	834 gratiné
835 grelha	835 grill	835 grille
836 grelhado	836 grilled	836 grillé
837 grelhar	837 grill	837 griller
838 grelos (brotos de nabo) (PT)	838 turnip leaves	838 broutes
839 **groselha**	839 **redcurrant**	839 **groseille**
840 **groselha-preta**	840 **blackcurrant**	840 **cassis**
841 grosso	841 thick	841 epais
842 guardanapo	842 napkin	842 serviette
843 guardar	843 keep; store	843 garder; conserver
844 guarnecido	844 garnished	844 garni
845 guarnição	845 garnishing	845 garniture
846 guisado	846 stew; ragout	846 ragoût
847 gustativo (saboroso) (PT)	847 tasty	847 gustatif
848 hera	848 ivy	848 lierre
849 herbáceo	849 herbaceous	849 herbacé
850 herdade	850 estate; property	850 domaine
851 horário	851 timetable; timing	851 horaire
852 horta	852 vegetable garden	852 potager
853 hortaliça	853 vegetables	853 légume
854 hortelã	854 mint	854 menthe
855 hortelã-pimenta	855 peppermint	855 menthe poivrée
856 iguaria	856 delicacy	856 mets
857 **imperador (peixe)**	857 **red bream**	857 **beryx rouge**
858 imperial (chopp pequeno) (PT)	858 small draft beer	858 petite bierre pression
859 incisão	859 incision	859 incision
860 indigestão	860 indigestion	860 indigestion
861 infusão	861 infusion	861 infusion
862 **inhame**	862 **yam**	862 **igname**
863 insípido	863 insipid	863 insipide
864 insolúvel	864 insoluble	864 insoluble
865 insosso	865 tasteless	865 fade; insipide
866 instalações	866 premises	866 locaux
867 instantâneo	867 instant	867 instantané
868 inteiro	868 whole	868 entier

ALEMÃO (Deutsch)

819 Meerbrasse
820 dick; fett
821 Fett
822 fettig
823 Trinkgeld
824 Geschmack
825 schmackhaft
826 Kern; Pip
827 Gramm
828 Scheune
829 Korn
830 Pfefferkorn
831 Kichererbse
832 Grapefruit
833 Trinkgeld
834 überbacken
835 Grill
836 gegrillt
837 grillen
838 Rübetriebe
839 **Johannisbeere**
840 **schwarze Johannisbeere**
841 dick; stark
842 Serviette
843 aufbewahren
844 garniert
845 Garnitur
846 Eintopf
847 schmackhaft
848 Efeu
849 kräuter ...
850 Landgut
851 Öffnungszeit
852 Gemüsegarten
853 Gemüse
854 Minze
855 Pfefferminze
856 Leckerbissen; Speise
857 **Kaiserbarsch**
858 kleines Fassbier

859 Einschnitt
860 Magenverstimmung; Verdanungsstörung
861 Aufguss
862 **Yamswurzel**
863 fade
864 nicht löslich
865 fade
866 Einrichtungen
867 instant
868 im Ganzen; ganz

ESPANHOL (Español)

819 besugo del norte
820 gordo
821 grasa
822 grasiento
823 propina
824 sabor
825 sabroso
826 pepita
827 gramo
828 granja
829 grano
830 grano de pimienta
831 garbanzo
832 pomelo
833 gratificación
834 gratinado
835 parrilla
836 en las brasas; a la plancha
837 cocinar en las brasas
838 grelos
839 **grosella**
840 **grosella negra**
841 grueso
842 servilleta
843 guardar
844 con guarnición
845 guarnición
846 guisado
847 gustativo
848 hiedra
849 herbáceo
850 heredad
851 horario
852 huerta
853 hortaliza
854 menta
855 menta piperita
856 manjar
857 **palometa roja**
858 caña

859 incisión
860 indigestión

861 infusión
862 **ñame**
863 insípido
864 insoluble
865 soso
866 instalaciones
867 instantáneo
868 entero

groselha
redcurrant
groseille
Johannisbeere
grosella

groselha-preta
blackcurrant
cassis
schwarze Johannisbeere
grosella negra

imperador
red bream
beryx rouge
Kaiserbarsch
palometa roja

inhame
yam
igname
Yamswurzel
ñame

PORTUGUÊS	INGLÊS (English)	FRANCÊS (Français)
869 intestino	869 intestine	869 intestin
870 intoxicação	870 intoxication; poisoning	870 intoxication
871 inverno	871 winter	871 hiver
872 iogurte	872 yoghurt	872 yoghurt; yaourt
873 isca (de fígado)	873 sliced liver	873 tranches de foie
874 isqueiro	874 lighter	874 briquet
875 italiana (café curto) (PT)	875 small strong coffee	875 café serré
876 **jabuticaba**	876 **jaboticaba**	876 **jabuticaba**
877 jacaré	877 alligator	877 caïman
878 jantar	878 dinner	878 dîner
879 jaquinzinho (filhote de carapau)	879 baby horsemackeral	879 petits chinchards
880 jardim	880 garden	880 jardin
881 jardineira de legumes	881 vegetable garden	881 jardinière de légumes
882 jarro	882 jug	882 pichet
883 jasmim	883 jasmine	883 jasmin
884 **javali**	884 **wild boar**	884 **sanglier**
885 joelho	885 knee	885 genou
886 kaffir (limão-taiti) (PT)	886 kaffir lime	886 lime kaffir
887 kani	887 surimi	887 surimi
888 kinkan	888 kumquat	888 kumquat
889 **kiwi**	889 **kiwi**	889 **kiwi**
890 kümmel	890 caraway	890 carvi
891 kumquat	891 kumquat	891 kumquat
892 lacado (laqueado) (PT)	892 glazed	892 laqué
893 lacão (pernil de porco) (PT)	893 leg of pork	893 petit jambon
894 lagar	894 olive press	894 moulin
895 lago	895 lake	895 lac
896 lagosta	896 rock lobster	896 langouste
897 lagosta africana	897 royal spiny lobster	897 langouste royale
898 **lagostim**	898 **langoustine**	898 **langoustine**
899 lagostim do rio (pitu) (PT)	899 crayfish	899 ecrevisse
900 lamber	900 lick	900 lécher
901 lâmina	901 blade	901 lame
902 laminado	902 laminated	902 laminé
903 lamparina	903 oil lamp	903 lampe à huile
904 lampreia	904 lamprey-eel	904 lamproie
905 lanche	905 snack	905 goûter
906 lapa (molusco) (PT)	906 limpet	906 patelle
907 laqueado	907 glazed	907 laqué
908 laranja	908 orange	908 orange
909 laranjada	909 orangeade	909 orangeade
910 lardear (enfiar pedaços de toucinho em peças de carne)	910 baste with lard	910 larder
911 lareira	911 fireplace	911 cheminée
912 lasca (lascas de...)	912 slice; slither; morsel	912 lichette; petite tranche
913 latão	913 brass	913 laiton
914 lavabo (pia) (PT)	914 wash-hand basin	914 rince-doigts
915 lavabo (wc)	915 WC	915 lavabo
916 lavagante	916 lobster	916 homard
917 lavar	917 wash	917 laver
918 lavrador	918 farmer	918 agriculteur; fermier

ALEMÃO (Deutsch)

869 Darm
870 Vergiftung
871 Winter
872 Joghurt
873 Leberscheiben
874 Feuerzeug
875 kleiner Espresso
876 **Jaboticaba**
877 Kaiman
878 Abendessen
879 Kleiner stöker

880 Garten
881 auf Gärtnerinnenart
882 Krug
883 Jasmin
884 **Wildschwein**
885 Knie
886 Kaffir-limette
887 Surimi
888 Kumquat
889 **Kiwi**
890 Gartenkümmel
891 Kumquat
892 lackiert
893 Schweinshaxe
894 Ölmühle
895 See
896 Languste
897 Königslanguste
898 **Kaisergranat**
899 Flusskrebs
900 lecken
901 Blätter; Klinge
902 ausgewalzt
903 Nachtlicht
904 Neunauge
905 Vesper
906 gemeine Napfschnecke
907 lackiert
908 Orange
909 Orangeade
910 spicken

911 Kamin
912 Stückchen
913 Messing
914 Fingerschale
915 Toilette
916 Hummer
917 waschen
918 Bauer

ESPANHOL (Español)

869 intestino
870 intoxicación
871 invierno
872 yogur
873 filetes de hígado
874 mechero
875 café solo corto y fuerte
876 **jabuticaba**
877 caimán
878 cena
879 jurel pequeño

880 jardín; parque
881 guiso con vegetales
882 jarra
883 jazmín
884 **jabalí**
885 rodilla
886 lima kaffir
887 palitos de cangrejo
888 kumquat
889 **kiwi**
890 alcaravea
891 kumquat
892 lacado
893 lacón
894 lagar
895 lago
896 langosta
897 langosta real
898 **cigala**
899 cangrejo de río
900 chupar
901 lámina
902 laminado
903 lamparilla
904 lamprea
905 merienda
906 lapa
907 lacado
908 naranja
909 naranjada
910 entreverar

911 chimenea
912 lasca (lascas de...)
913 latón
914 lavabo
915 lavabo; servicio
916 bogavante
917 lavar
918 labrador

jabuticaba
jaboticaba
jabuticaba
Jaboticaba
jabuticaba

javali
wild boar
sanglier
Wildschwein
jabalí

kiwi
kiwi
kiwi
Kiwi
kiwi

lagostim
langoustine
langoustine
Kaisergranat
cigala

PORTUGUÊS	INGLÊS (English)	FRANCÊS (Français)
965 lontra	965 otter	965 loutre
966 lota (leilão de peixes) (PT)	966 fish market	966 marché à la criée
967 louça	967 dishes	967 vaisselle
968 louro (condimento)	968 laurel	968 laurier
969 lúcia-lima	969 lemon scented verbena	969 verveine
970 lúcio (peixe)	970 pike	970 brochet
971 lula	971 squid	971 calmar
972 lúpulo	972 hops	972 houblon
973 maçã	973 apple	973 pomme
974 maçaroca (espiga de milho) (PT)	974 corn on the cob	974 epis de mais
975 macarrão	975 macaroni	975 macaroni
976 macedônia (salada de frutas)	976 macédoine	976 macédoine
977 macerar	977 steep	977 macérer
978 mache	978 wood avens; herb bennet	978 mâche; doucette
979 macio	979 soft	979 doux
980 macrobiótico	980 macrobiotic	980 macrobiotique
981 madeira	981 wood	981 bois
982 madressilva	982 honeysuckle	982 chèvrefeuille
983 maduro	983 ripe	983 mûr
984 magret de pato	984 duck's breast	984 magret de canard
985 magro	985 thin	985 maigre
986 magro (poucas calorias)	986 low in calories	986 maigre
987 maionese	987 mayonnaise	987 mayonnaise
988 mais	988 more	988 plus
989 maître	989 maître d'hôtel	989 maître d'hôtel
990 **malagueta (pimenta)**	990 **malagueta**	990 **malaguète; piment rouge**
991 malga	991 bowl	991 bol; écuelle
992 malpassado	992 rare	992 saignant
993 malte	993 malt	993 malt
994 malva	994 mallow	994 mauve
995 mamão	995 papaya	995 papaye
996 **mandioca**	996 **mandioca; cassava**	996 **manioc**
997 **manga**	997 **mango**	997 **mangue**
998 manjericão	998 basil	998 basilic
999 manjerona	999 marjoram	999 marjolaine
1000 manteiga	1000 butter	1000 beurre
1001 mão	1001 hand	1001 main
1002 mão de vitela (mocotó de vitela) (PT)	1002 calf's foot	1002 pied de veau
1003 mar	1003 sea	1003 mer
1004 maracujá	1004 passion fruit	1004 fruit de la passion
1005 marcação (reserva) (PT)	1005 reservation	1005 réserve; réservation
1006 margarina	1006 margarine	1006 margarine
1007 marinado	1007 marinated	1007 mariné
1008 marinheiro	1008 seafarer	1008 marin
1009 marisco (frutos do mar) (PT)	1009 shellfish	1009 crustacés; fruits de mer
1010 marmelada	1010 quince	1010 marmelade
1011 marmelo	1011 quince	1011 coing
1012 marmita	1012 lunch pail	1012 gamelle
1013 mármore	1013 marble	1013 marbre
1014 marmota (peixe)	1014 small whiting	1014 petit merlu

ALEMÃO (Deutsch)

- 965 Otter
- 966 Fischversteigerung
- 967 Geschirr
- 968 Lorbeer
- 969 Zitronenverbene
- 970 Flusshecht
- 971 Kalmar
- 972 Hopfen
- 973 Apfel
- 974 Maiskolben

- 975 Makkaroni
- 976 Obstsalat
- 977 einweichen
- 978 echte Nelkenwurz
- 979 weich
- 980 makrobiotisch
- 981 Holz
- 982 Geissblatt
- 983 reif
- 984 Entenbrust
- 985 mager
- 986 fettarm
- 987 Majonäse
- 988 mehr
- 989 Oberkellner
- 990 **kleine rote Chilis**
- 991 Schüssel; Tiegel; Napf
- 992 nicht durchgebraten
- 993 Malz
- 994 Malve
- 995 Papaya
- 996 **Maniok**
- 997 **Mango**
- 998 Basilikum
- 999 Majoran
- 1000 Butter
- 1001 Hand
- 1002 Kalbsfuß

- 1003 Meer
- 1004 Maracuja; Passionsfrucht
- 1005 Reservierung
- 1006 Margerine
- 1007 mariniert
- 1008 Seemann
- 1009 Meeresfrucht
- 1010 Marmelade
- 1011 Quitte
- 1012 Kochgeschirr
- 1013 Marmor
- 1014 kleiner Seehecht

ESPANHOL (Español)

- 965 nutria
- 966 mercado de pescado
- 967 loza
- 968 laurel
- 969 hierba luisa
- 970 lucio
- 971 calamar
- 972 lúpulo
- 973 manzana
- 974 mazorca

- 975 macarrón
- 976 macedonia
- 977 macerar
- 978 hierba bendita
- 979 suave
- 980 macrobiótico
- 981 madera
- 982 madreselva
- 983 maduro
- 984 pechuga de pato
- 985 delgado
- 986 bajo en calorías
- 987 mahonesa; mayonesa
- 988 más
- 989 maître
- 990 **guindilla**
- 991 cazo; tazón sin asas
- 992 poco hecho
- 993 malta
- 994 malva
- 995 variedad de papaya
- 996 **mandioca**
- 997 **mango**
- 998 albahaca
- 999 mejorana
- 1000 mantequilla
- 1001 mano
- 1002 manita de ternera

- 1003 mar
- 1004 fruta de la pasión; maracuyá
- 1005 reserva; marcado
- 1006 margarina
- 1007 marinado
- 1008 marinero
- 1009 marisco
- 1010 membrillo
- 1011 membrillo
- 1012 marmita
- 1013 mármol
- 1014 pescadilla

malagueta
malagueta
malaguète; piment rouge
kleine rote Chilis
guindilla

mandioca
mandioca; cassava
manioc
Maniok
mandioca

manga
mango
mangue
Mango
mango

PORTUGUÊS	INGLÊS (English)	FRANCÊS (Français)
1015 maruca (peixe)	1015 ling	1015 lingue
1016 marzipã	1016 maripan	1016 massepain
1017 massa folhada	1017 puff pastry	1017 pâte feuilletée
1018 massapão (marzipã) (PT)	1018 maripan	1018 massepain
1019 mastigar	1019 chew	1019 mâcher
1020 mato	1020 wood; scrubland	1020 broussaille
1021 medalhão	1021 medallion	1021 medaillon
1022 medida	1022 measure; dose	1022 mesure
1023 médio	1023 average	1023 moyen
1024 medronho	1024 Portuguese strawberry	1024 arbousier
1025 medula	1025 marrow	1025 moelle
1026 medusa (variedade de água-viva)	1026 jelly-fish	1026 méduse
1027 **meixão (filhote de enguia) (PT)**	1027 **elver**	1027 **civelle**
1028 mel	1028 honey	1028 miel
1029 melaço / melado	1029 molasses	1029 mélasse
1030 melancia	1030 watermelon	1030 pastèque
1031 melão	1031 melon	1031 gros melon allongé vert ou jaune
1032 melão cantalupe	1032 honey dew melon	1032 melon (charentais)
1033 melhor	1033 best	1033 meilleur
1034 melissa	1034 lemon balm	1034 cédrat; mélisse
1035 meloa (melão cantalupe) (PT)	1035 honey dew melon	1035 melon (charentais)
1036 melro	1036 blackbird	1036 merle
1037 menos	1037 less	1037 moins
1038 menta	1038 mint	1038 menthe
1039 menu	1039 menu	1039 menu
1040 menu de degustação	1040 tasting menu	1040 menu de dégustation
1041 mercado	1041 market	1041 marché
1042 merenda (lanche) (PT)	1042 snack	1042 goûter
1043 merengue	1043 meringue	1043 meringue
1044 merluza (peixe)	1044 hake	1044 merluche
1045 **mero (peixe)**	1045 **black grouper**	1045 **mérou commun**
1046 mesa	1046 table	1046 table
1047 metade	1047 half	1047 moitié
1048 metal	1048 metal	1048 métal
1049 mexer	1049 stir	1049 agiter
1050 **mexilhão**	1050 **mussel**	1050 **moule**
1051 micróbio	1051 microbe	1051 microbe
1052 migalha	1052 crumb	1052 miette
1053 milho	1053 maize; corn	1053 mais
1054 milkshake	1054 milkshake	1054 frappé; milk-shake
1055 mingau	1055 purée	1055 purée; bouillie
1056 mingau de aveia	1056 porridge	1056 gruau d'avoine
1057 mingau de milho	1057 corn porridge	1057 bouillie de maïs
1058 minhoca	1058 worm	1058 ver de terre
1059 miolo de pão	1059 soft part of bread	1059 mie de pan
1060 miolos	1060 brains	1060 cervelle
1061 mirtilo	1061 myrtle	1061 myrtille

ALEMÃO (Deutsch)

1015 Lengfisch
1016 Marzipan
1017 blätterteig
1018 Marzipan
1019 kauen
1020 Busch
1021 Medaillon
1022 Maß
1023 mittel...; durchschnittlich
1024 Baumerdbeere; Erdbeerbaumschnaps
1025 Mark
1026 Qualle

1027 **Glasaale**

1028 Honig
1029 Melasse
1030 Wassermelone
1031 Melone

1032 Kantalupe-melone
1033 besser
1034 Zitronenmelisse
1035 Kantalupe-melone
1036 Amsel
1037 weniger
1038 Minze
1039 Speisekarte; Menü
1040 Degustationsmenü
1041 Markt
1042 Vesper
1043 Baiser
1044 Seehecht
1045 **schwarzer Seehecht**
1046 Tisch
1047 Hälfte
1048 Metall
1049 schwenken
1050 **Miesmuschel**
1051 Mikrobe
1052 Brotkrume
1053 Mais
1054 Mixgetränk
1055 Brei
1056 Haferbrei
1057 Maisbrei
1058 Regenwurm
1059 weicher Teil des Brotes
1060 Hirn
1061 Heidelbeere

ESPANHOL (Español)

1015 maruca
1016 mazapán
1017 hojaldre
1018 mazapán
1019 masticar
1020 campo
1021 medallón
1022 medida
1023 mediano
1024 madroño

1025 médula; tuétano
1026 medusa

1027 **angula**

1028 miel
1029 melaza
1030 sandía
1031 melón

1032 melón francés
1033 mejor
1034 toronjil; melisa
1035 melón francés
1036 mirlo
1037 menos
1038 menta
1039 menú
1040 menú de degustación
1041 mercado
1042 merienda
1043 merengue
1044 merluza
1045 **mero**
1046 mesa
1047 mitad
1048 metal
1049 agitar
1050 **mejillón**
1051 microbio
1052 migaja
1053 maíz
1054 batido
1055 papilla de maíz
1056 papilla de avena
1057 papilla
1058 lombriz
1059 miga de pan
1060 sesos
1061 arándano

meixão
elver
civelle
Glasaale
angula

mero
black grouper
mérou commun
schwarzer Seehecht
mero

mexilhão
mussel
moule
Miesmuschel
mejillón

PORTUGUÊS	INGLÊS (English)	FRANCÊS (Français)
1062 **míscaros (variedade de cogumelo)**	1062 type of mushroom	1062 girolle
1063 mista	1063 mixed	1063 composée
1064 misto quente	1064 grilled ham and cheese sandwich	1064 croque-monsieur
1065 mistura	1065 mixture	1065 mélange
1066 miúdos	1066 offal; giblets	1066 abats; abatits
1067 mocotó de vitela	1067 calf's foot	1067 pied de veau
1068 modo	1068 way	1068 façon
1069 moedor de pimenta	1069 pepper mill	1069 poivrier (moulin)
1070 moela	1070 gizzard	1070 gésier
1071 moer	1071 grind; mill	1071 moudre
1072 mofado	1072 mouldy	1072 moisi
1073 mofo	1073 mould	1073 moisi
1074 moído	1074 ground; milled	1074 moulu
1075 moinho	1075 mill	1075 moulin
1076 mole	1076 soft	1076 mou
1077 moleja (timo de vitela ou cordeiro)	1077 sweetbread	1077 ris de veau
1078 molheira	1078 sauce boat	1078 saucière
1079 molho	1079 sauce	1079 sauce
1080 molho americano	1080 american sauce	1080 sauce américaine
1081 molho andaluz	1081 andalusian sauce	1081 sauce andalouse
1082 molho bearnaise	1082 béarnaise sauce	1082 sauce béarnaise
1083 molho béchamel	1083 béchamel	1083 béchamel
1084 molho bordalês	1084 sauce bordelaise	1084 sauce bordelaise
1085 molho bourguignone	1085 bourguignonne sauce	1085 sauce bourguignonne
1086 molho branco	1086 white sauce	1086 sauce blanche
1087 molho de estragão	1087 tarragon sauce	1087 sauce à l'estragon
1088 molho holandês	1088 sauce hollandaise	1088 sauce hollandaise
1089 molusco	1089 mollusc	1089 mollusque
1090 morango	1090 strawberry	1090 fraise
1091 morcela (linguiça de sangue)	1091 black pudding	1091 boudin
1092 morder	1092 bite	1092 mordre
1093 **moreia**	1093 **moray eel**	1093 **murène**
1094 **morel (variedade de cogumelo)**	1094 **morel**	1094 **morilles**
1095 morno	1095 warm	1095 tiède
1096 mosca	1096 fly	1096 mouche
1097 mostarda	1097 mustard	1097 moutarde
1098 mostardeira	1098 mustard pot	1098 moutardier
1099 mosto	1099 must	1099 moût
1100 muito	1100 a lot	1100 beaucoup
1101 murcho	1101 faded; dead	1101 fané
1102 murta	1102 myrtle	1102 myrte
1103 musgo	1103 moss	1103 mousse (plante)
1104 musse	1104 mousse	1104 mousse
1105 nabiça (folha de nabo)	1105 spring turnip	1105 jeunes pousses de navet
1106 nabo	1106 turnip	1106 navet
1107 naco	1107 large piece	1107 gros morceau
1108 não	1108 no	1108 non
1109 narceja (ave)	1109 snipe	1109 bécassine

ALEMÃO (Deutsch)

1062 **Grünling (Pilz)**

1063 gemischt
1064 gemischte Sandwich (mit Käse und Schinken)
1065 Mischung
1066 Innereien; Geflügelklein
1067 Kalbsfuß
1068 Art
1069 Pfeffermühle
1070 Geflügelmagen
1071 mahlen
1072 schimmel
1073 Schimmel
1074 gemahlen
1075 Mühle
1076 weich
1077 Kalbsbries

1078 Sauciere; Soßenschüssel
1079 Soße
1080 amerikanische Sauce
1081 andalusische Sauce
1082 Sauce béarnaise
1083 Béchamelsauce
1084 Sauce bordelaise
1085 Sauce bourguinonne
1086 weiße Sauce
1087 Estragonsauce
1088 Sauce hollandaise
1089 Weichtier
1090 Erdbeere
1091 Blutwurst
1092 beißen
1093 **Muräne**
1094 **Morcheln**

1095 lauwarm
1096 Fliege
1097 Senf
1098 Senftopf
1099 Most
1100 viel; sehr
1101 welk
1102 Myrte
1103 Moos
1104 Mousse
1105 Rübekohl
1106 Rübe
1107 Stück
1108 Nein
1109 Bekassine

ESPANHOL (Español)

1062 **níscalos**

1063 mixta
1064 sandwich mixto

1065 mezcla
1066 menudillos
1067 manita de ternera
1068 modo
1069 molinillo de pimienta
1070 molleja
1071 moler
1072 olor mohoso
1073 moho
1074 molido
1075 molino
1076 blando
1077 molleja

1078 salsera
1079 salsa
1080 americana (salsa)
1081 andaluza (salsa)
1082 bearnesa (salsa)
1083 bechamel
1084 bordelesa (salsa)
1085 burgiñon (salsa a la)
1086 blanca (salsa)
1087 estragón (salsa de)
1088 holandesa (salsa)
1089 molusco
1090 fresa
1091 morcilla
1092 morder
1093 **morena**
1094 **colmenilla**

1095 templado
1096 mosca
1097 mostaza
1098 frasco de mostaza
1099 mosto
1100 mucho
1101 mustio
1102 mirto
1103 musgo
1104 mousse
1105 nabiza
1106 nabo
1107 tajada
1108 no
1109 agachadiza

míscaros
type of mushroom
girolle
Grünling (Pilz)
níscalos

moreia
moray eel
murène
Muräne
morena

morel
morel
morilles
Morcheln
colmenilla

[55]

PORTUGUÊS	INGLÊS (English)	FRANCÊS (Français)
1110 narciso	1110 narcissus	1110 narcisse
1111 nardo (erva aromática)	1111 spikenard; nard	1111 nard
1112 nariz	1112 nose	1112 nez
1113 nata	1113 cream	1113 crème
1114 Natal	1114 Christmas	1114 Noël
1115 natural / in natura	1115 natural	1115 nature
1116 natureza	1116 nature	1116 nature
1117 náusea	1117 nausea	1117 nausée
1118 navalha (molusco)	1118 razor shell	1118 couteau
1119 **navalheira (variedade de caranguejo) (PT)**	1119 **swincrab**	1119 **etrille**
1120 néctar	1120 nectar	1120 nectar
1121 nectarina	1121 nectarine	1121 nectarine
1122 negro	1122 black	1122 noir
1123 nenhum	1123 none	1123 aucun
1124 nervo	1124 nerve	1124 nerf
1125 nêspera	1125 loquat; medlar	1125 nèfle
1126 ninho	1126 nest	1126 nid
1127 nó	1127 knot	1127 noeud
1128 nocivo	1128 harmful	1128 nocif
1129 nódoa	1129 stain	1129 tache
1130 nogado (torrone) (PT)	1130 nougat	1130 nougat
1131 nogueira	1131 walnut	1131 noyer
1132 noite	1132 night	1132 nuit
1133 novilho	1133 calf	1133 génisse
1134 novo	1134 new; young	1134 neuf
1135 noz	1135 walnut	1135 noix
1136 noz-moscada	1136 nutmeg	1136 noix de muscade
1137 núpcias	1137 wedding	1137 noces
1138 nutritiva	1138 rich	1138 royal
1139 nuvem	1139 cloud	1139 nuage
1140 obrigado	1140 thank you	1140 merci
1141 odor	1141 odour	1141 odeur
1142 óleo	1142 oil	1142 huile
1143 olho	1143 eye	1143 yeux
1144 olmo	1144 elm	1144 orme
1145 omelete	1145 omelette	1145 omelette
1146 opaco	1146 opaque	1146 opaque
1147 orégano	1147 oregan; wild marjoram	1147 origan
1148 orelha	1148 ear	1148 oreille
1149 **orelha do mar (molusco) (PT)**	1149 **european abalone**	1149 **ormeau**
1150 orquídea	1150 orquid	1150 orchidée
1151 ossetra (variedade de caviar)	1151 ossetra	1151 ossetra
1152 osso	1152 bone	1152 os
1153 ossobuco	1153 ossobuco	1153 ossobuco
1154 **ostra**	1154 **oyster**	1154 **huître**
1155 ótimo	1155 excellent	1155 excellent
1156 **ouriço-do-mar**	1156 **sea urchin**	1156 **oursin**
1157 outono	1157 autumn	1157 automne
1158 ova	1158 roe (of fish)	1158 laitance
1159 ovelha	1159 flock	1159 brebis

ALEMÃO (Deutsch)

1110 Narzisse
1111 Nard
1112 Nase
1113 Sahne
1114 Weihnachten
1115 natürlich; naturell
1116 Natur
1117 Übelkeit
1118 kleine Schwertmuschel
1119 **Schwimmkrabbe**

1120 Nektar
1121 Nektarine
1122 schwarz
1123 Kein; Keine
1124 Nerv
1125 Mispel
1126 Nest
1127 Knoten
1128 schädlich
1129 Fleck
1130 Nugat
1131 Nussbaum
1132 Abend; Nacht
1133 Jungstier
1134 neu
1135 Walnuß
1136 Muskatnuss
1137 Hochzeit
1138 reichhaltig; köstlich
1139 Wolke
1140 Danke
1141 Geruch
1142 Öl
1143 Auge
1144 Ulme
1145 Omelette
1146 undurchsichtig
1147 Oregano
1148 Ohr
1149 **Seeohr**

1150 Orchidee
1151 Ossetra-kaviar
1152 Knochen
1153 Ossobuco
1154 **Auster**
1155 ausgezeichnet
1156 **Seeigel**
1157 Herbst
1158 Rogen
1159 Schaf

ESPANHOL (Español)

1110 narciso
1111 nardo
1112 nariz
1113 nata
1114 Navidad
1115 natural
1116 naturaleza
1117 nausea
1118 navaja
1119 **nécora**

1120 néctar
1121 nectarina
1122 negro
1123 ninguno
1124 nervio
1125 níspero
1126 nido
1127 nudo
1128 nocivo
1129 mancha
1130 pasta dulce con nueces
1131 nogal
1132 noche
1133 novillo
1134 nuevo
1135 nuez
1136 nuez moscada
1137 boda
1138 rica
1139 nube
1140 gracias
1141 olor
1142 aceite (no de oliva)
1143 ojo
1144 olmo
1145 tortilla
1146 opaco
1147 orégano
1148 oreja
1149 **oreja de mar**

1150 orquídea
1151 ossetra
1152 oso
1153 ossobuco
1154 **ostra**
1155 óptimo; excelente
1156 **erizo de mar**
1157 otoño
1158 hueva
1159 oveja

navalheira
swincrab
etrille
Schwimmkrabbe
nécora

orelha do mar
european abalone
ormeau
Seeohr
oreja de mar

ostra
oyster
huître
Auster
ostra

ouriço-do-mar
sea urchin
oursin
Seeigel
erizo de mar

[57]

PORTUGUÊS	INGLÊS (English)	FRANCÊS (Français)
1160 ovo	*1160* egg	*1160* oeuf
1161 ovo a cavalo (guarnição) (PT)	*1161* egg as garnish	*1161* oeuf au plat
1162 ovo cozido	*1162* boiled egg	*1162* oeuf dur
1163 ovo cru	*1163* raw egg	*1163* oeuf cru
1164 ovo escalfado (ovo pochê) (PT)	*1164* poached egg	*1164* oeuf poché
1165 ovo estrelado	*1165* fried egg	*1165* oeuf au plat
1166 ovo mexido	*1166* scrambled egg	*1166* oeuf brouillé
1167 ovo pochê	*1167* poached egg	*1167* oeuf poché
1168 ovo quente	*1168* soft boiled egg	*1168* oeuf à la coque
1169 ovos moles (doce de ovos)	*1169* egg and sugar dessert	*1169* ramequin d'œuf à la portuguaise (sucré)
1170 pá (corte de carne)	*1170* shoulder	*1170* epaule
1171 padeiro	*1171* baker	*1171* boulanger
1172 paelha / paella	*1172* paella	*1172* paella
1173 pagar	*1173* pay	*1173* payer
1174 paio	*1174* big sausage	*1174* gros saucisson
1175 palha (canudo de refresco) (PT)	*1175* straw	*1175* paille
1176 palito	*1176* tooth-pick	*1176* cure-dent
1177 **palma (peixe)**	*1177* **spiny turbot**	*1177* **flétan d'áfrique**
1178 palmeira	*1178* palm tree	*1178* palmier
1179 **palmeta (peixe)**	*1179* **bonito**	*1179* **palomète**
1180 palmito	*1180* heart of palm	*1180* coeur de palmier
1181 panado (empanado) (PT)	*1181* breaded	*1181* pané
1182 panar (empanar) (PT)	*1182* bread	*1182* paner
1183 panela	*1183* pan	*1183* casserole
1184 pão	*1184* bread	*1184* pain
1185 pão de centeio	*1185* rye bread	*1185* pain de seigle
1186 pão de ló	*1186* sponge cake	*1186* génoise
1187 pão de milho	*1187* corn bread	*1187* pain de maïs
1188 pão doce	*1188* sweet bread	*1188* brioche
1189 pão francês	*1189* bread roll	*1189* petit pain blanc
1190 pão ralado	*1190* grated bread	*1190* panure
1191 papa (mingau) (PT)	*1191* purée	*1191* purée; bouillie
1192 **papaia**	*1192* **papaya**	*1192* **papaye**
1193 papelote / papillotte	*1193* papillotte	*1193* papillotte
1194 papo	*1194* crop; craw	*1194* gosier; jabot
1195 papo-seco (pão francês) (PT)	*1195* bread roll	*1195* petit pain blanc
1196 papoula	*1196* poppy	*1196* coquelicot; pavot
1197 páprica	*1197* paprika	*1197* paprika
1198 pardal	*1198* sparrow	*1198* moineau
1199 **pargo**	*1199* **sea bream**	*1199* **pagre**
1200 parreira	*1200* trellised vine	*1200* treille
1201 Páscoa	*1201* Easter	*1201* Pâques
1202 passa / uva-passa	*1202* raisin	*1202* raisin sec
1203 passado	*1203* done	*1203* passé
1204 passado (ao ponto)	*1204* medium done	*1204* a point
1205 passado (bem)	*1205* well done; well cooked	*1205* bien cuit
1206 passado (mal)	*1206* rare	*1206* saignant

ALEMÃO (Deutsch)

1160 Ei
1161 Spiegelei
1162 hartgekochtes Ei
1163 rohes Ei
1164 pochiertes Ei

1165 Spiegelei
1166 Rührei
1167 pochiertes Ei
1168 weichgekochtes Ei
1169 Creme aus Eigelb und Zucker

1170 Schulterstück
1171 Bäcker
1172 Paella
1173 bezahlen
1174 Schweinerollschinken
1175 Stroh

1176 Zahnstocher
1177 **Westafrikanischer Ebarme**
1178 Palme
1179 **Einfarb-pelamide**
1180 Palmenmark; Palmetto
1181 paniert
1182 panieren
1183 Kochtopf
1184 Brot
1185 Roggenbrot
1186 Biskuitkuchen
1187 Maisbrot
1188 süßes Hefebrot
1189 Brötchen
1190 Paniermehl
1191 Brei
1192 **Papaya**
1193 Papillotte; Papier- oder Aluminiumhülle
1194 Kehle
1195 Brötchen
1196 Mohn
1197 Paprika
1198 Spatz
1199 **Sackbrasse**
1200 Weinspalier
1201 Ostern
1202 Rosine
1203 Passiert
1204 medium
1205 durchgebraten
1206 nicht durchgebraten

ESPANHOL (Español)

1160 huevo
1161 huevo frito encima de...
1162 huevo cocido
1163 huevo crudo
1164 huevo escalfado

1165 huevo frito
1166 huevo revuelto
1167 huevo escalfado
1168 huevo pasado por água
1169 dulce de huevos

1170 paletilla
1171 panadero
1172 paella
1173 pagar
1174 embutido de lomo
1175 paja

1176 palillo
1177 **lenguado espinudo**
1178 palmera
1179 **tasarte**
1180 palmito
1181 empanado
1182 empanar
1183 cacerola
1184 pan
1185 pan de centeno
1186 bizcocho esponjoso
1187 pan de maíz; broa
1188 pan dulce
1189 pan francés
1190 pan rallado
1191 papilla de maíz
1192 **papaya**
1193 papillotte

1194 papo
1195 pan francés
1196 amapola
1197 paprica
1198 gorrión
1199 **pargo**
1200 parra
1201 Pascua
1202 pasa; uva pasa
1203 pasado
1204 al punto
1205 bien hecho; muy hecho
1206 poco hecho

palma
spiny turbot
flétan d'áfrique
Westafrikanischer Ebarme
lenguado espinudo

palmeta (peixe)
bonito
palomète
Einfarb-pelamide
tasarte

papaia
papaya
papaye
Papaya
papaya

pargo
sea bream
pagre
Sackbrasse
pargo

[59]

PORTUGUÊS	INGLÊS (English)	FRANCÊS (Français)
1207 passarinhos	1207 small birds	1207 petits oiseaux
1208 pássaro	1208 bird	1208 oiseau
1209 pastéis de bacalhau (bolinhos de bacalhau) (PT)	1209 codfish patties	1209 acras de morue
1210 pastéis de feijão (doce)	1210 bean patties	1210 tartelettes aux haricots
1211 pastel (doce) (PT)	1211 tartlet; pastry	1211 pâtisserie; pâté
1212 pastelão (torta) (PT)	1212 pie	1212 gros pâté; tourte
1213 pastelaria (confeitaria) (PT)	1213 confectioners	1213 pâtisserie (établissement)
1214 pastor	1214 shepherd	1214 berger
1215 pata (pé)	1215 paw	1215 patte
1216 patanisca (lasca de bacalhau empanada e frita) (PT)	1216 fried piece of codfish	1216 beignets de morue
1217 patê	1217 pâté	1217 pâté
1218 patê de fígado	1218 pâté de foie gras; liver paste	1218 pâté de foie
1219 pato	1219 duck	1219 canard
1220 pau de loureiro (louro em rama) (PT)	1220 laurel branch	1220 branche de laurier
1221 pavão	1221 peacock	1221 paon
1222 pavio	1222 candle wick	1222 mèche
1223 pé	1223 foot	1223 pied
1224 pé de porco	1224 pig's trotter	1224 pied de porc
1225 pedaço	1225 morsel	1225 morceau
1226 pedra	1226 stone	1226 pierre
1227 pegar	1227 take	1227 prendre
1228 peito	1228 breast	1228 suprême
1229 peito de pato	1229 duck's breast	1229 magret de canard
1230 peixe	1230 fish	1230 poisson
1231 peixe no forno	1231 fish done in the oven	1231 poisson au four
1232 peixe-agulha	1232 garfish	1232 orphie
1233 peixe-aranha	1233 weever	1233 vives
1234 peixe-de são-pedro (saint-pierre) (PT)	1234 john dory	1234 saint-pierre
1235 **peixe-espada**	1235 **scabbard fish**	1235 **sabre d'argent**
1236 peixe-galo	1236 john dory	1236 saint-pierre
1237 peixe-rei	1237 smelt	1237 athérine
1238 peixe-sapo	1238 toadfish	1238 crapaud de mer
1239 peixinhos da horta (vagem empanada e frita) (PT)	1239 breaded green beans	1239 beignets d'haricots verts
1240 pele	1240 skin	1240 peau
1241 peneira	1241 sieve	1241 tamis
1242 pepino	1242 cucumber	1242 concombre
1243 pepino em conserva	1243 pickled gherkins	1243 cornichons
1244 pequeno	1244 small	1244 petit
1245 pequeno almoço (café da manhã) (PT)	1245 breakfast	1245 petit-déjeuner
1246 pera	1246 pear	1246 poire
1247 pera bêbada (pera ao vinho) (PT)	1247 pear in wine	1247 poire au vin
1248 **perca (peixe)**	1248 **perch**	1248 **perche**
1249 **perceve / percebe (crustáceo) (PT)**	1249 **goose barnacle**	1249 **pouce-pied**
1250 **perdiz**	1250 **partridge**	1250 **perdrix**

ALEMÃO (Deutsch)

1207 Singvögel
1208 Vogel
1209 Stockfischbällchen

1210 Bohnen Pasteten
1211 Küchlein
1212 große Pastete
1213 Konditorei
1214 Hirt; Pfarrer
1215 Fuß; Pfote
1216 Stockfischbällchen (ohne Mehl)
1217 Pastete
1218 Leberpastete
1219 Ente
1220 Lorbeerholz

1221 Pfau
1222 Docht
1223 Fuß
1224 Schweinsfuß
1225 Stück; Bisschen
1226 Stein
1227 (zu sich) nehmen; trinken
1228 Brust
1229 Entenbrust
1230 Fisch
1231 gebackener Fisch
1232 Hornhecht
1233 Petermännchen
1234 Petersfisch

1235 **Degenfisch**
1236 Petersfisch
1237 Ährenfisch
1238 Froschfisch
1239 grüne Bohnen im Backteig ausgebacken
1240 Haut
1241 Sieb
1242 Gurke
1243 Gewürzgurke
1244 klein
1245 Frühstück

1246 Birne
1247 beschwipste Birne

1248 **Barsch**
1249 **Felsen-entenmuschel**

1250 **Rebhuhn**

ESPANHOL (Español)

1207 pajaritos
1208 pájaro
1209 pasteles de bacalao

1210 pasteles dulces de judía
1211 pastel
1212 pastel grande
1213 pastelería
1214 pastor
1215 pata
1216 tortillita

1217 paté
1218 paté de hígado
1219 pato
1220 rama de laurel

1221 pavo real
1222 pábilo
1223 pie
1224 manita de cerdo
1225 trozo
1226 piedra
1227 tomar
1228 pecho
1229 pechuga de pato
1230 pescado
1231 pescado al horno
1232 pez aguja
1233 pez araña
1234 pez de san pedro

1235 **pez sable**
1236 pez de san pedro
1237 pejerrey
1238 pez sapo
1239 judías verdes empanadas

1240 piel
1241 tamiz
1242 pepino
1243 pepino en conserva
1244 pequeño
1245 desayuno

1246 pera
1247 pera al vino o al licor

1248 **perca**
1249 **percebe**

1250 **perdiz**

peixe-espada
scabbard fish
sabre d'argent
Degenfisch
pez sable

peixe-espada
scabbard fish
sabre d'argent
Degenfisch
pez sable

perceve / percebe
goose barnacle
pouce-pied
Felsen-entenmuschel
percebe

perdiz
partridge
perdrix
Rebhuhn
perdiz

[61]

PORTUGUÊS	INGLÊS (English)	FRANCÊS (Français)
1251 perfumado (tempero)	1251 aromatic	1251 parfumé
1252 perna	1252 leg	1252 jambe
1253 perna de carneiro	1253 leg of lamb	1253 gigot
1254 pernil	1254 leg of pork	1254 petit jambon
1255 peru	1255 turkey	1255 dinde
1256 pesca	1256 fishing	1256 pêche
1257 pesca submarina	1257 underwater fishing	1257 pêche sous-marine
1258 **pescada (peixe)**	1258 **hake**	1258 **merluche**
1259 pescadinha (peixe)	1259 hake	1259 colinet
1260 pescoço	1260 neck	1260 cou
1261 peso	1261 weight	1261 poids
1262 pêssego	1262 peach	1262 pèche
1263 pétala	1263 petal	1263 pétale
1264 petisco	1264 nibbles	1264 amuse-bouche
1265 petitinga (peixe)	1265 small sardine	1265 selan
1266 pezinho de porco	1266 pigs' trotter	1266 pied de porc
1267 **phisalis**	1267 **phisalis**	1267 **phisalis**
1268 picadinho de carne	1268 minced meat	1268 hachis de viande
1269 picado	1269 minced; chopped	1269 haché
1270 picado fino	1270 finally minced or chopped	1270 haché fin
1271 picanha	1271 beef steak	1271 onglet de bœuf
1272 picante	1272 hot; spicy	1272 fort (piquant)
1273 pilão	1273 mortar	1273 mortier
1274 pimenta malagueta	1274 malagueta	1274 malaguète; piment rouge
1275 pimenta-branca	1275 white pepper	1275 poivre blanc
1276 pimenta-dedo-de-moça	1276 chilli	1276 chili
1277 pimenta-do-reino	1277 pepper	1277 poivre
1278 pimenta-do-reino verde	1278 green pepper	1278 petits poivrons verts
1279 pimenta-preta	1279 black pepper	1279 poivre noir
1280 pimentão	1280 sweet pepper	1280 piment
1281 pimentão-doce (páprica) (PT)	1281 paprika	1281 paprika
1282 pimenteiro	1282 pepper pot	1282 poivrier
1283 pimento (pimentão) (PT)	1283 pepper	1283 poivron
1284 pimento de padrón (pimenta-do-reino-verde) (PT)	1284 green pepper	1284 petits poivrons verts
1285 pimpinela (erva aromática)	1285 burnet	1285 pimpernelle
1286 pingo	1286 drop	1286 goutte
1287 pinha	1287 sugar-apple	1287 anone
1288 pinhão	1288 pine nut	1288 pignon
1289 pinheiro	1289 pime	1289 pin
1290 pinhole	1290 pine nut	1290 pignon
1291 pintarroxa (peixe)	1291 lesser spoted dogfish	1291 petite roussette
1292 pipo (barril pequeno)	1292 small barrel	1292 petit tonneau
1293 pires	1293 saucer	1293 soucoupe
1294 piripiri (molho picante)	1294 piripiri; hot sauce	1294 sauce piquante
1295 pistache	1295 pistachio	1295 pistache
1296 pitaia (fruta)	1296 pitaya	1296 pitaya
1297 pitéu	1297 delicacy; tidbit	1297 régal
1298 pitu	1298 crayfish	1298 ecrevisse
1299 planta	1299 plant	1299 plante
1300 pó (em)	1300 powder	1300 poudre (en)
1301 pochê	1301 poached	1301 poché

[62]

ALEMÃO (Deutsch)

1251 parfümiert
1252 Bein; Schenkel
1253 Hammelkeule
1254 Schweinshaxe
1255 Truthahn
1256 Fischfang; Fischerei
1257 Unterwasserfischfang
1258 **Seehecht**
1259 Weißling
1260 Hals
1261 Gewicht
1262 Pfirsich
1263 Blütenblatt
1264 Appetithäppchen
1265 kleine Sardine
1266 Schweinsfüßchen
1267 **Physalis**
1268 Hackfleisch
1269 gehackt
1270 fein gehackt
1271 Stück aus der Rinderhüfte
1272 scharf
1273 Mörser
1274 kleine rote Chilis
1275 weißer Pfeffer
1276 Chili
1277 Pfeffer
1278 kleine, unreife Paprikaschoten
1279 schwarzer Pfeffer
1280 spanischer Pfeffer
1281 Paprika
1282 Pfefferstrauch
1283 Pfeffer
1284 kleine, unreife Paprikaschoten

1285 Pimpinelle
1286 Tropfen
1287 Zimtapfel
1288 Pinienkern
1289 Pinienbaum
1290 Pinienkern
1291 Kleingefleckter katzenhai
1292 Fässchen
1293 Untertasse
1294 Piripiri; scharfe Chilisauce
1295 Pistazie
1296 Drachenfrucht; Pitahaya
1297 Leckerbissen
1298 Flusskrebs
1299 Pflanze
1300 gemahlen
1301 pochiert

ESPANHOL (Español)

1251 perfumado
1252 pierna
1253 pata de cordero
1254 lacón
1255 pavo
1256 pesca
1257 pesca submarina
1258 **merluza**
1259 pescadilla
1260 cuello
1261 peso
1262 melocotón
1263 pétalo
1264 pincho
1265 sardinilla
1266 manita de cerdo
1267 **phisalis**
1268 picadillo de carne
1269 picado
1270 picadillo
1271 pieza de carne de vaca
1272 picante
1273 almirez
1274 guindilla
1275 pimienta blanca
1276 chiles
1277 pimienta
1278 pimiento de padrón
1279 pimienta negra
1280 pimentón
1281 pimentón dulce; paprika
1282 pimentero
1283 pimiento
1284 pimiento de padrón

1285 pimpinela
1286 gota
1287 anona
1288 piñón
1289 pino
1290 piñón
1291 pintarroja
1292 pipa
1293 plato pequeño
1294 picante
1295 pistacho
1296 pitahaya
1297 manjar delicado
1298 cangrejo de río
1299 planta
1300 polvo (en)
1301 escalfado

pescada
hake
merluche
Seehecht
merluza

phisalis
phisalis
phisalis
Physalis
phisalis

PORTUGUÊS	INGLÊS (English)	FRANCÊS (Français)
1302 podre	1302 rotton; off	1302 pourri
1303 poejo	1303 pennyroyal	1303 pouliot
1304 polido	1304 polished	1304 poli
1305 polpa	1305 pulp	1305 pulpe
1306 polvo	1306 octopus	1306 poulpe
1307 polvo cabeçudo (PT)	1307 white octopus	1307 elédone
1308 polvo patudo (PT)	1308 octopus	1308 poulpe
1309 pomar	1309 orchard	1309 verger
1310 pombo	1310 pigeon	1310 pigeon
1311 ponche	1311 punch	1311 punch
1312 porção	1312 portion	1312 portion
1313 porcelana	1313 porcelain	1313 porcelaine
1314 **porcini (variedade de cogumelo)**	1314 **cep**	1314 **bolet**
1315 porco	1315 pork; pig	1315 porc
1316 posta	1316 slice	1316 darne
1317 **pota (variedade de lula) (PT)**	1317 **squid**	1317 **calmar**
1318 potável	1318 potable	1318 potable
1319 pouco	1319 little	1319 peu
1320 praça (feira livre) (PT)	1320 street market	1320 marché
1321 praia	1321 beach	1321 plage
1322 prato	1322 plate	1322 assiette
1323 prato do dia	1323 dish of the day	1323 plat du jour
1324 preço	1324 price	1324 prix
1325 **pregado (peixe) (PT)**	1325 **turbot**	1325 **turbot**
1326 prego (sanduíche de filé) (PT)	1326 small steak between bread	1326 tranche boeuf en sandwich
1327 preparar	1327 prepare	1327 préparer
1328 presunto cozido	1328 ham	1328 jambon
1329 presunto cru ou de Parma	1329 smoked ham	1329 jambon cru
1330 preto	1330 black	1330 noir
1331 primavera	1331 spring	1331 printemps
1332 produtor	1332 producer	1332 producteur
1333 propriedade	1333 estate; property	1333 domaine
1334 prova	1334 trial; tasting; test	1334 essai
1335 púcaro	1335 small; deep pot	1335 petit pichet
1336 pudim	1336 pudding	1336 pudding
1337 pudim de leite	1337 custard crème	1337 crème caramel
1338 pulmão	1338 lungs	1338 poumon
1339 purê	1339 purée	1339 purée
1340 purê de batata	1340 mashed potatoes	1340 purée de pommes de terre
1341 purificar	1341 purify	1341 purifier
1342 puro	1342 pure	1342 pur
1343 pururuca	1343 crackling	1343 peau de porc frite
1344 qualidade	1344 quality	1344 qualité
1345 quarta-feira	1345 wednesday	1345 mercredi
1346 quebrar	1346 break	1346 casser; briser
1347 queijada	1347 type of cheese cake	1347 tartelette au fromage (sucré)
1348 queijo	1348 cheese	1348 fromage
1349 queijo curado	1349 cured cheese	1349 fromage sec
1350 queijo de cabra	1350 goat's cheese	1350 fromage de chèvre
1351 queijo de ovelha	1351 ewe's cheese	1351 fromage de brebis
1352 queijo flamengo	1352 dutch type cheese	1352 fromage du type hollande

ALEMÃO (Deutsch)

1302 verdorben
1303 Polei-minze
1304 poliert; glatt
1305 Fruchtfleisch
1306 Krake
1307 Zirrenkrake
1308 Langarmkrake
1309 Obstgarten
1310 Taube
1311 Punsch
1312 Portion
1313 Porzellan
1314 **Steinpilz**

1315 Schwein
1316 Scheibe; Stück
1317 **Kalmar**
1318 trinkbar
1319 wenig
1320 Markt (platz)
1321 Strand
1322 Teller; Gericht
1323 Tagesgericht
1324 Preis
1325 **Steinbutt**
1326 Filet Mignon Sandwich
1327 zubereiten
1328 gekochter Schinken
1329 roher Schinken
1330 schwarz
1331 Frühling
1332 Hersteller
1333 Landgut
1334 Probe
1335 kleiner Krug
1336 Pudding
1337 Karamelpudding
1338 Lunge
1339 Püree
1340 Kartoffelbrei
1341 läutern; klären
1342 rein
1343 knusprig gegrillte Schwarte
1344 Qualität
1345 Mittwoch
1346 (zer)brechen
1347 Käseküchlein
1348 Käse
1349 Hartkäse
1350 Ziegenkäse
1351 Schafskäse
1352 Holländerkäse

ESPANHOL (Español)

1302 podrido
1303 poleo
1304 pulido
1305 pulpa
1306 pulpo
1307 pulpo blanco
1308 pulpo
1309 huerto de manzanos
1310 paloma
1311 ponche
1312 porción
1313 porcelana
1314 **porcini**

1315 puerco; cerdo
1316 rodaja
1317 **pota**
1318 potable
1319 poco
1320 plaza
1321 playa
1322 plato
1323 plato del día
1324 precio
1325 **rodaballo**
1326 pepito de ternera
1327 preparar
1328 jamón de york
1329 jamón
1330 negro
1331 primavera
1332 productor
1333 heredad
1334 prueba
1335 olla de barro
1336 pudín
1337 flan dulce
1338 bofe
1339 puré
1340 puré de patata
1341 purificar
1342 puro
1343 pellejos curtidos de cerdo
1344 calidad
1345 miércoles
1346 quebrar
1347 quesada
1348 queso
1349 queso curado
1350 queso de cabra
1351 queso de oveja
1352 queso de bola

porcini
cep
bolet
Steinpilz
porcini

pota
squid
calmar
Kalmar
pota

pregado
turbot
turbot
Steinbutt
rodaballo

[65]

PORTUGUÊS	INGLÊS (English)	FRANCÊS (Français)
(queijo prato) (PT)		
1353 queijo frescal	1353 soft cheese	1353 fromage blanc
1354 queijo meia cura	1354 semi-cured cheese	1354 fromage demi-sec
1355 queijo prato	1355 dutch type cheese	1355 fromage du type hollande
1356 queijo ralado	1356 grated cheese	1356 fromage râpé
1357 queimar	1357 burn	1357 brûler
1358 queixo	1358 chin	1358 menton
1359 quente	1359 hot	1359 chaud
1360 querer	1360 want	1360 vouloir
1361 **quiabo**	1361 **lady fingers**	1361 **okra**
1362 quilo	1362 kilo	1362 kilo
1363 quinta (PT)	1363 farm	1363 ferme
1364 quinta-feira	1364 thursday	1364 jeudi
1365 rã	1365 frog	1365 grenouille
1366 rabanada	1366 french toast	1366 croûte dorée; pain perdu
1367 rabanete	1367 radish	1367 radis
1368 rábano	1368 horse-radish	1368 rave
1369 rabo	1369 tail	1369 queue
1370 rabo de boi	1370 ox tail	1370 okra
1371 raça	1371 breed	1371 race
1372 raia (arraia) (PT)	1372 skates	1372 raie
1373 rainha-cláudia (variedade de ameixa) (PT)	1373 variety of plum	1373 reine-claude
1374 raiz	1374 root	1374 racine
1375 ralado	1375 grated	1375 râpé
1376 ralador	1376 grater	1376 râpe
1377 ramo	1377 branch	1377 branche
1378 ranço	1378 rancid	1378 rance
1379 rápido	1379 rapid	1379 rapide
1380 raro	1380 rare	1380 rare
1381 **rascasso (peixe)**	1381 **scorpionfish**	1381 **rascasse**
1382 raso	1382 flat; level	1382 a ras
1383 raspador (ralador) (PT)	1383 grater	1383 râpe
1384 rebento (broto) (PT)	1384 shoot	1384 pousse
1385 receita	1385 recipe	1385 recette
1386 recente	1386 recent	1386 récent
1387 recheado	1387 stuffed	1387 farci
1388 rechear	1388 fill	1388 remplir
1389 recheio	1389 stuffing	1389 farce
1390 recibo	1390 receipt	1390 reçu
1391 reclamar	1391 complain	1391 réclamer
1392 reco	1392 pork; pig	1392 porc
1393 recomendar	1393 recommend	1393 recommander
1394 recusar	1394 refuse	1394 refuser
1395 redução	1395 reduction	1395 réduction
1396 reduzido	1396 reduced	1396 réduit
1397 refeição	1397 meal	1397 repas
1398 refogado	1398 stewed	1398 faire suer
1399 refrescar	1399 refresh	1399 rafraîchir
1400 refrigerante	1400 fizzy drink	1400 boisson gazeuse
1401 refugo	1401 refuse; rejects	1401 rebus
1402 regado	1402 drizzle; sprinkle	1402 arrosé

ALEMÃO (Deutsch)

1353 Frischkäse
1354 halbfester Käse
1355 Holländerkäse
1356 Reibekäse
1357 (ver-, an-) brennen
1358 Kinn
1359 heiß
1360 wünschen; mögen
1361 **Okraschote**
1362 Kilo
1363 Bauernhof; Gut
1364 Donnerstag
1365 Frosch
1366 Armer ritter
1367 Radieschen
1368 Rettich
1369 Schwanz
1370 Ochsenschwanz
1371 Rasse
1372 Rochen
1373 Reneklode

1374 Wurzel
1375 gerieben
1376 Reibe
1377 Ast
1378 ranziger Geruch; Ranzigkeit
1379 schnell
1380 selten
1381 **Drachenkopf**
1382 glatt; gestrichen (maß)
1383 Reibe
1384 Sprosse
1385 Rezept
1386 neu; frisch
1387 gefüllt
1388 füllen
1389 Füllung
1390 Quittung
1391 reklamieren
1392 Schwein
1393 empfehlen
1394 ablehnen
1395 Reduktion
1396 reduziert
1397 Mahlzeit
1398 geschmoren
1399 erfrischen
1400 Erfrischungsgetränk
1401 Abfall; Rest
1402 begossen

ESPANHOL (Español)

1353 queso fresco
1354 queso semi curado
1355 queso de bola
1356 queso rallado
1357 quemar
1358 barbilla
1359 caliente
1360 querer
1361 **quiabo**
1362 kilo
1363 finca
1364 jueves
1365 rana
1366 torrija
1367 rabanito
1368 rábano
1369 cola; rabo
1370 rabo de buey
1371 raza
1372 raya
1373 ciruela claudia

1374 raíz
1375 rallado
1376 rallador
1377 rama
1378 rancio
1379 rápido
1380 raro
1381 **rascacio**
1382 raso
1383 rallador
1384 brote
1385 receta
1386 reciente
1387 rellenado
1388 llenar
1389 relleno
1390 recibo
1391 reclamar
1392 puerco; cerdo
1393 recomendar
1394 negar
1395 reducción
1396 reducido
1397 comida; refección
1398 rehogado
1399 refrescar
1400 refresco
1401 rehogo
1402 regado

quiabo
lady fingers
okra
Okraschote
quiabo

rascasso
scorpionfish
rascasse
Drachenkopf
rascacio

[67]

PORTUGUÊS	INGLÊS (English)	FRANCÊS (Français)
1403 região	1403 region	1403 région
1404 regular	1404 regular	1404 régulier
1405 reineta (variedade de maçã)	1405 rennet apple	1405 pomme rainette
1406 remontar	1406 rise	1406 monter; élever
1407 renovar	1407 renew	1407 rénover
1408 repartir	1408 divide out	1408 distribuer
1409 repasto (refeição) (PT)	1409 meal	1409 repas
1410 repetir	1410 repeat	1410 répéter
1411 repleto	1411 replete; satisfied	1411 bondé; replet
1412 repolho	1412 cabbage	1412 chou pommé
1413 repolho-branco	1413 white cabbage	1413 chou blanc
1414 repolho-crespo	1414 savoy cabbage	1414 chou de milan
1415 repor	1415 replace	1415 remettre; remplacer
1416 requeijão	1416 curd cheese	1416 grueil
1417 reserva	1417 reservation	1417 réserve; réservation
1418 reservar (uma mesa)	1418 reserve; book	1418 réserver
1419 resíduo	1419 residue; waste	1419 résidu
1420 resina	1420 resin	1420 résine
1421 restaurante	1421 restaurant	1421 restaurant
1422 resto	1422 remains	1422 reste
1423 retalhar	1423 shred	1423 découper
1424 retirar	1424 withdraw	1424 retirer
1425 revelar	1425 reveal	1425 révéler
1426 revolver	1426 stir; churn	1426 retourner
1427 ribeira	1427 river	1427 rivière
1428 rica (nutritiva) (PT)	1428 rich	1428 royal
1429 rígido	1429 rigid	1429 rigide
1430 rijo	1430 tough; lasting	1430 dur; robuste
1431 rim	1431 kidney	1431 rein
1432 rio	1432 river	1432 rivière
1433 rissóis (rissoles) (PT)	1433 rissoles	1433 rissoles
1434 rissoles	1434 rissoles	1434 rissoles
1435 **robalo**	1435 **bass**	1435 **bar**
1436 rodela	1436 slice	1436 rondelle
1437 **rodovalho (peixe)**	1437 **brill**	1437 **barbue**
1438 roer	1438 nibble	1438 ronger
1439 rojões (cubos de carne de porco grelhados) (PT)	1439 roast pork	1439 rillons
1440 rola (ave)	1440 turtle dove	1440 tourterelle
1441 rolê	1441 rolled; roulé	1441 enroulé; roulé
1442 rolha	1442 cork; stopper	1442 bouchon
1443 rolo de carne (rocambole de carne) (PT)	1443 meat roll	1443 roulade de viande
1444 **romã**	1444 **pomegranate**	1444 **grenade**
1445 rosa (cor)	1445 pink	1445 rose
1446 rosa (flor)	1446 rose	1446 rose
1447 rosbife	1447 roast beef	1447 rosbeef
1448 rosmarino / rosmaninho	1448 rosemary	1448 romarin; rosmarin

[68]

ALEMÃO (Deutsch)

1403 Region
1404 regelmäßig; pünktlich
1405 Renette
1406 montieren (sauce)
1407 erneuern; abändern;
    aufpeppen (rezept)
1408 verteilen
1409 Mahlzeit
1410 zum zweiten mal nehmen
1411 überladen (magen); ganz voll
1412 Weißkohl
1413 Weißkohl
1414 Wirsing-Kohl
1415 wieder hinstellen;
    wiederherstellen
1416 Quark; Weichkäse
1417 Reservierung
1418 reservieren (Tisch)
1419 Rest; Abfall
1420 Harz
1421 Restaurant
1422 Rest
1423 zerschneiden; zerlegen
1424 zurücknehmen; -ziehen;
    entfernen
1425 aufdecken; enthüllen;
    preisgeben
1426 wenden; umrühren
1427 Fluss
1428 reichhaltig; köstlich
1429 steif; hart
1430 hart; zäh
1431 Niere
1432 Fluss
1433 fritierte, gefüllte Teigtaschen
1434 fritierte, gefüllte Teigtaschen
1435 **Seebarsch**
1436 Scheibe
1437 **Glattbutt**
1438 (ab)nagen
1439 marinierte; gebratene
    Schweinefleischwürfel
1440 Turteltaube
1441 aufgerollt; eingerollt
1442 Kork
1443 Roulade

1444 **Granatapfel**
1445 Rosa
1446 Rose
1447 Roastbeef
1448 Rosmarin

ESPANHOL (Español)

1403 región
1404 regular; normal
1405 reineta
1406 remontar
1407 renovar

1408 repartir
1409 comida; refección
1410 repetir
1411 repleto
1412 repollo
1413 repollo blanco
1414 lombarda
1415 reponer

1416 requesón
1417 reserva; marcado
1418 reservar
1419 residuo
1420 resina
1421 restaurante
1422 resto
1423 recortar
1424 retirar

1425 revelar

1426 revolver
1427 ribera
1428 rica
1429 rígido
1430 duro
1431 riñón
1432 ribera
1433 empanadilla
1434 empanadilla
1435 **lubina**
1436 rodaja
1437 **rodaballo**
1438 roer
1439 carne de cerdo salteada

1440 tórtola
1441 enrollado
1442 corcho
1443 rollo de carne

1444 **granada**
1445 rosa
1446 rosa
1447 rosbif
1448 romero

robalo
bass
bar
Seebarsch
lubina

rodovalho
brill
barbue
Glattbutt
rodaballo

romã
pomegranate
grenade
Granatapfel
granada

PORTUGUÊS	INGLÊS (English)	FRANCÊS (Français)
1449 rosto	1449 face	1449 visage
1450 rouxinol	1450 nightingale	1450 rossignol
1451 rúcula	1451 roquette	1451 roquette
1452 **ruivo (peixe)**	1452 **gurnard**	1452 **grondin**
1453 rum	1453 rum	1453 rhum
1454 rural	1454 rural	1454 rural
1455 rústico	1455 rustic	1455 rustique
1456 sã	1456 healthy	1456 sain
1457 sábado	1457 saturday	1457 samedi
1458 sabão	1458 soap	1458 savon
1459 sabor	1459 flavour; taste	1459 goût; saveur
1460 saboroso	1460 tasty	1460 savoureux
1461 saca-rolhas	1461 corkscrew	1461 tire-bouchon
1462 safio (peixe)	1462 conger eel	1462 congre
1463 saibroso	1463 gravel texture; rough	1463 graveleux
1464 saint-pierre (peixe)	1464 john dory	1464 saint-pierre
1465 saithe (peixe)	1465 saithe	1465 lieu noir
1466 sal	1466 salt	1466 sel
1467 sal fino	1467 fine salt	1467 sel fin
1468 sal grosso	1468 rough salt	1468 gros sel
1469 sala de estar	1469 living room	1469 salle de séjour
1470 sala de jantar	1470 dining room	1470 salle à manger
1471 salada	1471 salad	1471 salade
1472 salada de frutas	1472 fruit salad	1472 salade de fruits
1473 salada mista	1473 mixed salad	1473 salade mêlée
1474 salada russa	1474 russian salad	1474 salade russe
1476 saladeira	1476 salad bowl	1476 saladier
1477 salame	1477 salami	1477 salami
1478 salão	1478 hall	1478 salon; grande salle
1478 salão de chá	1478 tea room	1478 salon de thé
1479 saleiro	1479 salt cellar	1479 salière
1480 salgado	1480 salty	1480 salé
1481 salina	1481 saline	1481 saline
1482 salitre	1482 saltpeter	1482 salpêtre
1483 saliva	1483 saliva	1483 salive
1484 **salmão**	1484 **salmon**	1484 **saumon**
1485 salmão defumado	1485 smoked salmon	1485 saumon fumé
1486 **salmonete**	1486 **red mullet**	1486 **rouget**
1487 saloio (caipira) (PT)	1487 rustic	1487 campagnard
1488 salpicão (linguiça temperada com alho) (PT)	1488 garlic sausage	1488 saucisson à l'ail
1489 salpicar	1489 spatter	1489 saupoudrer
1490 salsa	1490 parsley	1490 persil
1491 salsa picada	1491 chopped parsley	1491 persil hâché
1492 salsão	1492 celery	1492 céleri
1493 salsicha	1493 sausage	1493 saucisse
1494 salsicheiro	1494 pork butcher	1494 charcutier
1495 salteado	1495 sautéed	1495 sauté
1496 sálvia	1496 sage	1496 sauge
1497 samosa	1497 samosa	1497 beignet farci piquant triangulaire
1498 sândalo	1498 sandalwood	1498 santal

ALEMÃO (Deutsch)

1449 Gesicht
1450 Nachtigall
1451 Rucola; Rauke
1452 **Grauer knurrhahn**
1453 Rum
1454 ländlich
1455 ländlich
1456 gesund
1457 Samstag
1458 Seife
1459 Geschmack
1460 schmackhaft
1461 Korkenzieher
1462 gemeiner Meeraal
1463 schmackhaft
1464 Petersfisch
1465 Seelachs
1466 Salz
1467 feines Salz
1468 grobes Salz
1469 Raum
1470 Speisesaal
1471 Salat
1472 Obstsalat
1473 gemischer Salat
1474 russischer Salat
1476 Salatschüssel
1477 Salami
1478 Salon
1478 Teesalon
1479 Salzstreuer
1480 gesalzen
1481 Saline
1482 Salpeter
1483 Speichel
1484 **Lachs**
1485 Räucherlachs
1486 **Meerbarbe**
1487 hinterwäldler
1488 Räucherwurst

1489 (ein)salzen
1490 Petersilie
1491 gehackte Petersilie
1492 Sellerie
1493 Würstchen
1494 Wursthändler
1495 sautiert
1496 Salbei
1497 Samosa

1498 Sandelholz

ESPANHOL (Español)

1449 rostro
1450 ruiseñor
1451 rúcola
1452 **kabracho**
1453 ron
1454 rural
1455 rústico
1456 sana
1457 sábado
1458 jabón
1459 sabor
1460 sabroso
1461 sacacorchos
1462 congrio pequeño
1463 arcilloso
1464 pez de san pedro
1465 carbonero
1466 sal
1467 sal fina
1468 sal gorda
1469 sala
1470 comedor
1471 ensalada
1472 macedonia
1473 ensalada mixta
1474 ensaladilla rusa
1476 ensaladera
1477 salami
1478 salón
1478 salón de té
1479 salero
1480 salado
1481 salina
1482 salitre
1483 saliva
1484 **salmón**
1485 salmón ahumado
1486 **salmonete**
1487 campesino
1488 salpicón

1489 salpicar
1490 perejil
1491 perejil picado
1492 apio
1493 salchicha
1494 salchichero
1495 salteado
1496 salvia
1497 samusa

1498 sándalo

ruivo
gurnard
grondin
Grauer knurrhahn
kabracho

salmão
salmon
saumon
Lachs
salmón

salmonete
red mullet
rouget
Meerbarbe
salmonete

PORTUGUÊS	INGLÊS (English)	FRANCÊS (Français)
1499 sandes (sanduíche) (PT)	1499 sandwich	1499 sandwivch
1500 sanduíche	1500 sandwich	1500 sandwivch
1501 sangue	1501 blood	1501 sang
1502 santola (variedade de caranguejo) (PT)	1502 spider crab	1502 araignée de mer
1503 **sapateira (variedade de caranguejo) (PT)**	1503 **edible crab**	1503 **tourteau**
1504 sápido (saboroso) (PT)	1504 tasty	1504 sapide
1505 sapo	1505 toad	1505 crapaud
1506 sarda (peixe)	1506 mackerel	1506 maquereau
1507 **sardinha**	1507 **sardine**	1507 **sardine**
1508 sardinheira (gerânio) (PT)	1508 geranium	1508 géranium
1509 sargaço	1509 sargasso	1509 sargasse
1510 **sargo (peixe)**	1510 **white seabream**	1510 **sar commun**
1511 sarmento (broto da videira)	1511 vine shoot	1511 sarment
1512 sável (peixe)	1512 shad	1512 alose
1513 sebo	1513 suet	1513 suif
1514 seco	1514 dry	1514 sec
1515 sede	1515 thirst	1515 soif
1516 segunda-feira	1516 monday	1516 lundi
1517 segurelha	1517 savory	1517 sarriette
1518 sela (lombo) (PT)	1518 saddle	1518 selle
1519 selecionado	1519 selected	1519 selectionné
1520 selvagem	1520 wild; savage	1520 sauvage
1521 semente	1521 seed; pip	1521 graine
1522 separar	1522 separate	1522 séparer
1523 serra	1523 mountains	1523 montagnes
1524 serragem	1524 sawdust	1524 sciure
1525 serrana	1525 upland	1525 montagnarde; paysanne
1526 sertã (frigideira) (PT)	1526 shallow frying pan	1526 poêle à frire
1527 serviço	1527 service	1527 service
1528 servir	1528 serve	1528 servir
1529 sésamo (gergelim) (PT)	1529 sesame	1529 sésame
1530 sevruga (variedade de caviar)	1530 sevruga	1530 sevruga
1531 sexta-feira	1531 friday	1531 vendredi
1532 **shiitake**	1532 **shiitake**	1532 **shiitake**
1533 silva	1533 bramble	1533 ronce
1534 silvestre	1534 wild	1534 silvestre
1535 sim	1535 yes	1535 oui
1536 sobras	1536 left over	1536 excédent
1537 sobreiro (árvore da cortiça)	1537 cork oak	1537 chêne-liège
1538 sobremesa	1538 dessert	1538 dessert
1539 soja	1539 soya	1539 soja
1540 solha (peixe)	1540 plaice	1540 plie
1541 sólido	1541 solid	1541 solide
1542 soluço	1542 hiccup	1542 hoquet; sanglot
1543 solúvel	1543 soluble	1543 soluble
1544 sopa	1544 soup	1544 soupe
1545 sopa de cebola	1545 onion soup	1545 soupe à l'oignon
1546 sopa de frutos do mar	1546 shellfish soup	1546 bisque
1547 sopa de peixe	1547 fish soup	1547 soupe de poisson
1548 sopeira	1548 soup terrine	1548 soupière

ALEMÃO (Deutsch)

1499 Sandwich
1500 Sandwich
1501 Blut
1502 Seespinne

1503 **Taschenkrebs**

1504 schmackhaft
1505 Kröte
1506 Makrele
1507 **Sardine**
1508 Geranie
1509 Seetang
1510 **Geißbrasse**
1511 Weinranke
1512 Alse; Maifisch
1513 Talg
1514 trocken
1515 Durst
1516 Montag
1517 Bohnenkraut
1518 Lende
1519 ausgewählt
1520 wild
1521 Samen; Keim
1522 trennen
1523 Gebirge
1524 Sägemehl
1525 berg...; gebirgs...
1526 Pfanne
1527 Service
1528 servieren
1529 Sesam
1530 Sevruga-stör; -kaviar
1531 Freitag
1532 **Shiitakepilz**
1533 Brombeerstrauch
1534 wildwachsend
1535 Ja
1536 Überschuss; Überbleibsel
1537 Korkeiche
1538 Nachtisch
1539 Sojabohne
1540 Scholle
1541 fest
1542 Schluckauf
1543 löslich
1544 Suppe
1545 Zwiebelsuppe
1546 Meeresfrüchtesuppe
1547 Fischsuppe
1548 Terrine; Suppenschüssel

ESPANHOL (Español)

1499 bocadillo
1500 bocadillo
1501 sangre
1502 centolla

1503 **buey de mar**

1504 sabroso
1505 sapo
1506 caballa
1507 **sardina**
1508 geranio
1509 sargazo
1510 **sargo**
1511 sarmiento
1512 sábalo
1513 sebo
1514 seco
1515 sed
1516 lunes
1517 ajedrea; sojulida
1518 silla
1519 seleccionado
1520 salvaje
1521 simiente; semilla
1522 separar
1523 sierra
1524 serrín
1525 serrana
1526 sartén ancha y plana
1527 servicio
1528 servir
1529 sésamo
1530 sevruga
1531 viernes
1532 **shitake**
1533 zarza
1534 silvestre
1535 sí
1536 excedente
1537 alcornoque
1538 postre
1539 soja
1540 solla
1541 sólido
1542 sollozo
1543 soluble
1544 sopa
1545 sopa de cebolla
1546 sopa de marisco
1547 sopa de pescado
1548 sopera

sapateira
edible crab
tourteau
Taschenkrebs
buey de mar

sardinha
sardine
sardine
Sardine
sardina

sargo
white seabream
sar commun
Geißbrasse
sargo

shiitake
shiitake
shiitake
Shiitakepilz
shitake

PORTUGUÊS	INGLÊS (English)	FRANCÊS (Français)
1549 sorbet	1549 sorbet	1549 sorbet
1550 sorvete (BR)	1550 ice-cream	1550 glace
1551 sorvete (sorbet) (PT)	1551 sorbet	1551 sorbet
1552 steak tartare	1552 steak tartare	1552 steak tartare
1553 suado	1553 perspiring	1553 sué
1554 suave	1554 soft	1554 suave; délicat
1555 suco	1555 juice	1555 jus
1556 suco de fruta	1556 fruit juice	1556 jus de fruit
1557 suficiente	1557 sufficient	1557 suffisant
1558 suflê	1558 soufflé	1558 soufflé
1559 sugerir	1559 suggest	1559 suggérer
1560 sujo	1560 dirty; unclean	1560 sale; malpropre
1561 sulfato	1561 sulphate	1561 sulfate
1562 sultana	1562 sultana	1562 raisin de smyrne
1563 suplemento	1563 supplement	1563 supplément
1564 suspiro	1564 small meringue	1564 petite meringue
1565 tabacaria	1565 tobacco shop	1565 bureau de tabac
1566 tabaco	1566 tobacco; cigarette	1566 tabac; cigarette
1567 taberna	1567 tavern	1567 taverne
1568 tábua	1568 board	1568 planche
1569 tabuleiro (bandeja) (PT)	1569 tray; board	1569 plateau
1570 taça	1570 cup; goblet	1570 coupe
1571 tacho	1571 pot	1571 casserole
1572 **tainha (peixe)**	1572 **grey mullet**	1572 **mulet**
1573 talher	1573 cutlery	1573 couvert
1574 talho	1574 butcher's	1574 boucher
1575 talo	1575 stalk; stem	1575 tige; trognon
1576 tâmara	1576 date	1576 datte
1577 **tamarindo**	1577 **tamarind**	1577 **tamarin**
1578 **tamboril**	1578 **monk fish**	1578 **lotte**
1579 tambuladeira	1579 wine tasting cup	1579 tastevin
1580 tampa	1580 lid	1580 couvercle
1581 tangerina	1581 tangerine	1581 mandarine
1582 tanoeiro	1582 cooper; barrel-maker	1582 tonnelier
1583 tapioca	1583 tapioca	1583 tapioca
1584 tarambola (ave)	1584 plover	1584 pluvier
1585 tardio	1585 late developer; slow to ripen	1585 tardif; d'arrière saison
1586 tartaruga	1586 turtle	1586 tortue
1587 tasca	1587 grog shop	1587 taverne
1588 taste-vin	1588 wine tasting cup	1588 tastevin
1589 telefonista	1589 telephonist	1589 téléphoniste
1590 telha	1590 roof tile	1590 tuile
1591 temperado	1591 seasoned	1591 assaisonné
1592 tempero	1592 seasoning	1592 assaisonnement
1593 tempo	1593 time	1593 temps
1594 tenca (peixe)	1594 tench	1594 tanche
1595 tenro	1595 tender	1595 tendre
1596 tentáculo	1596 tentacle	1596 tentacule
1597 tentilhão (ave)	1597 finch	1597 pinson
1598 tépido	1598 tepid	1598 tiède
1599 terça-feira	1599 tuesday	1599 mardi
1600 terra	1600 land; earth	1600 terre

ALEMÃO (Deutsch)

1549 Sorbet
1550 Speiseeis
1551 Sorbet
1552 Beef tartar
1553 angeschwitzt; schweissig
1554 mild
1555 Saft
1556 Fruchtsaft
1557 genug
1558 Soufflé
1559 empfehlen
1560 schmutzig
1561 Sulfat
1562 Sultanine
1563 Beilage
1564 Baiser
1565 Tabakladen
1566 Zigarette
1567 Taverne; Wirtshaus
1568 Brett; Tafel
1569 Tablett; Platte
1570 Becher
1571 Topf
1572 **Meeräsche**
1573 Besteck
1574 Fleischer
1575 Stiel
1576 Dattel
1577 **Tamarinde**
1578 **Seeteufel**
1579 Tastevin
1580 Deckel
1581 Mandarine
1582 Küfer
1583 Tapioka
1584 Regenpfeifer
1585 spätreif
1586 Schildkröte
1587 Kneipe
1588 Tastevin
1589 Telefonist (in)
1590 Ziegel
1591 gewürzt
1592 Würze; Gewürz
1593 Zeit
1594 Schleie
1595 zart
1596 Tentakel
1597 Buchfink
1598 lauwarm
1599 Dienstag
1600 Land

ESPANHOL (Español)

1549 sorbete
1550 helado
1551 sorbete
1552 bistec tártaro
1553 cocinado lento y tapado
1554 suave
1555 zumo
1556 zumo de fruta
1557 suficiente
1558 suflé
1559 sugerir
1560 sucio
1561 sulfato
1562 sultana
1563 suplemento
1564 merengue
1565 tabaquería
1566 tabaco; cigarrillo
1567 taberna
1568 tabla
1569 bandeja
1570 taza
1571 cacerola
1572 **morragute**
1573 cubierto
1574 carnicería
1575 tallo
1576 dátil
1577 **tamarindo**
1578 **rape**
1579 vaso de somelier
1580 tapadera
1581 mandarina
1582 tonelero
1583 tapioca
1584 chorlito
1585 tardío
1586 tortuga
1587 tasca
1588 vaso de somelier
1589 telefonista
1590 teja
1591 aliñado; condimentado
1592 aliño; condimento
1593 tiempo
1594 tenca
1595 tierno
1596 tentáculo
1597 pinzón
1598 templado
1599 martes
1600 tierra

tainha
grey mullet
mulet
Meeräsche
morragute

tamarindo
tamarind
tamarin
Tamarinde
tamarindo

tamboril
monk fish
lotte
Seeteufel
rape

PORTUGUÊS	INGLÊS (English)	FRANCÊS (Français)
1601 terraço	1601 terrass	1601 terrasse
1602 terracota	1602 terracota	1602 terre cuite
1603 terrina	1603 soup terrine	1603 soupière
1604 tesoura	1604 scissors	1604 ciseau
1605 testa	1605 forehead	1605 front
1606 tigela	1606 bowl	1606 bol; écuelle
1607 tigelada (doce de ovos) (PT)	1607 egg pudding	1607 crème aux œufs
1608 tijolo	1608 brick	1608 brique
1609 tília	1609 lime	1609 tilleul
1610 tinta	1610 ink	1610 encre
1611 típico	1611 typical	1611 typique
1612 tisana	1612 tisane	1612 tisane
1613 toalha de mesa	1613 table cloth	1613 nappe
1614 tomar	1614 take	1614 prendre
1615 tomate	1615 tomato	1615 tomate
1616 tomilho	1616 thyme	1616 thym
1617 toneleiro	1617 cooper; barrel-maker	1617 tonnelier
1618 toranja	1618 grapefruit	1618 pamplemousse
1619 tordo (ave)	1619 thrush	1619 grive
1620 tornear	1620 fashion; turn on lathe	1620 tourner; façonner au tour
1621 torrada	1621 toast	1621 toast
1622 torresmo	1622 crackling	1622 couennes grillées
1623 torrone	1623 nougat	1623 nougat
1624 torta (doce)	1624 tart	1624 tourtes
1625 tortilha	1625 tortilla	1625 tortilla
1626 tosta (PT)	1626 toast	1626 pain grillé; toast
1627 tosta mista (misto quente) (PT)	1627 grilled ham and cheese sandwich	1627 croque-monsieur
1628 toucinho	1628 lard	1628 lard
1629 touro	1629 bull	1629 taureau
1630 tóxico	1630 toxic	1630 toxique
1631 tradicional	1631 traditional	1631 traditionnel
1632 tranche (fatia) (PT)	1632 slice	1632 tranche
1633 travessa	1633 tray	1633 plat
1634 **tremelga (peixe)**	1634 **electric ray**	1634 **torpille**
1635 tremoço	1635 lupin	1635 lupin
1636 trevo	1636 clover	1636 trèfle
1637 trigo	1637 wheat	1637 blé
1638 tripa	1638 tripe	1638 tripe
1639 **trufa**	1639 **truffle**	1639 **truffe**
1640 **truta**	1640 **trout**	1640 **truite**
1641 truta alpina	1641 arctic charr	1641 omble chevalier
1642 truta salmonada	1642 salmon trout	1642 truite saumonée
1643 truta-arco-íris	1643 rainbow trout	1643 truite arc-en-ciel
1644 truta-de-lago	1644 lake trout	1644 truite de lac; touladi
1645 tubarão	1645 shark	1645 requin
1646 túbera	1646 truffle	1646 truffe
1647 tubérculo	1647 tubercule	1647 tubercule
1648 tulipa	1648 tulip	1648 tulipe
1649 turnedô	1649 beef steak	1649 tournedos
1650 turvar	1650 cloud; stir up	1650 troubler; rendre trouble

ALEMÃO (Deutsch)

1601 Freiterrasse
1602 Terrakotta
1603 Terrine; Suppenschüssel
1604 Schere
1605 Stirn
1606 Schüssel; Tiegel; Napf
1607 Gebräunter eierpudding
1608 Ziegel
1609 Linde
1610 Tinte
1611 typisch
1612 Kräutertee
1613 Tischtuch
1614 (zu sich) nehmen; trinken
1615 Tomate
1616 Thymian
1617 Küfer
1618 Grapefruit
1619 Drossel
1620 drehen; wenden
1621 Toast
1622 gebratene Schwarte
1623 Nugat
1624 Torte
1625 Tortilla
1626 Toast
1627 gemischte Sandwich (mit Käse und Schinken)
1628 Speck
1629 Stier
1630 giftig
1631 traditionell
1632 Scheibe
1633 Platte
1634 **Zitterrochen**
1635 Lupinenkern
1636 Klee
1637 Weizen
1638 Kuttel
1639 **Trüffel**
1640 **Forelle**
1641 Saibling
1642 Lachsforelle
1643 Regenbogenforelle
1644 Seeforelle
1645 Hai
1646 Trüffel
1647 Knolle; Tuberkel
1648 Tulpe
1649 Tournedos
1650 trüben

ESPANHOL (Español)

1601 terraza
1602 terracota
1603 sopera
1604 tijera
1605 frente
1606 cazo; tazón sin asas
1607 dulce con huevos
1608 ladrillo
1609 tila
1610 tinta
1611 típico
1612 tisana
1613 mantel
1614 tomar
1615 tomate
1616 tomillo
1617 tonelero
1618 pomelo
1619 tordo
1620 tornear
1621 tostada
1622 torrezno
1623 pasta dulce con nueces
1624 tarta
1625 tortilla
1626 tostada
1627 sandwich mixto

1628 tocino
1629 toro
1630 tóxico
1631 tradicional
1632 rodaja
1633 bandeja
1634 **tremielga**
1635 altramuz
1636 trébol
1637 trigo
1638 tripa
1639 **trufa**
1640 **trucha**
1641 trucha alpina
1642 trucha asalmonada
1643 trucha arco iris
1644 trucha de lago
1645 tiburón
1646 trufa
1647 tubérculo
1648 tulipán
1649 turnedós
1650 enturbiar

tremelga
electric ray
torpille
Zitterrochen
tremielga

trufa
truffle
truffe
Trüffel
trufa

truta
trout
truite
Forelle
trucha

[77]

PORTUGUÊS	INGLÊS (English)	FRANCÊS (Français)
1651 turvo	1651 cloudy; opaque	1651 trouble
1652 tutano	1652 marrow	1652 moelle
1653 ulmeiro	1653 elm	1653 orme
1654 último	1654 last	1654 dernier
1655 úmido	1655 damp	1655 humide
1656 unir	1656 connect	1656 brancher
1657 untar	1657 baste	1657 enduire; graisser
1658 unto	1658 grease; lard	1658 enduit
1659 untuoso	1659 greasy; oily	1659 onctueux
1660 urticária	1660 nettle rash	1660 urticaire
1661 urtiga	1661 nettle	1661 ortie
1662 urze	1662 heather	1662 bruyère
1663 uva	1663 grape	1663 raisin
1664 uva-branca	1664 white grape	1664 raisin blanc
1665 uva-moscatel	1665 moscatel grape	1665 muscat
1666 uva-passa	1666 raisin	1666 raisin sec
1667 uva-passa branca	1667 sultana	1667 raisin de smyrne
1668 uva-passa preta	1668 currant	1668 corinthe
1669 uva-preta	1669 black grape	1669 raisin noir
1670 vaca	1670 cow	1670 vache
1671 vagaroso	1671 slow; lent	1671 lent
1672 vão (costeleta) (PT)	1672 chop	1672 carré
1673 vapor	1673 steam	1673 vapeur
1674 variado	1674 varied	1674 varié
1675 vasilha	1675 recipient	1675 récipient; vase
1676 vaso	1676 vase	1676 pot à fleur; vase
1677 vazia (contrafilé) (PT)	1677 flank steak	1677 contrefilet
1678 vazio	1678 empty	1678 vide
1679 veado	1679 stag; hart	1679 cerf
1680 vegetal	1680 vegetable	1680 végétal
1681 vegetariano	1681 vegetarian	1681 végétarien
1682 vela	1682 candle	1682 voile
1683 velho	1683 old	1683 vieux
1684 veloz	1684 rapid	1684 rapide
1685 ventre	1685 belly; abdomen	1685 ventre
1686 verão	1686 summer	1686 eté
1687 verdelhão (ave)	1687 greenfinch	1687 verdier
1688 verdura	1688 greenery	1688 verdure
1689 verme	1689 worm	1689 ver
1690 vermelho (cor)	1690 red	1690 rouge
1691 verniz	1691 varnish	1691 vernis
1692 vértebra	1692 vertebra	1692 vertèbre
1693 vertebrado	1693 vertebrate	1693 vertébré
1694 verter	1694 pour	1694 verser
1695 vesícula	1695 gall bladder	1695 vésicule
1696 vespa	1696 wasp	1696 guêpe
1697 vidrado (caramelizado) (PT)	1697 glazed	1697 vernissé
1698 vidro	1698 glass	1698 verre
1699 **vieira**	1699 **scallop**	1699 **coquille saint-jacques**
1700 vime	1700 wicker	1700 osier
1701 vinagre	1701 vinegar	1701 vinaigre

ALEMÃO (Deutsch)

1651 trüb
1652 Mark
1653 Ulme
1654 letzte
1655 feucht
1656 binden; einschalten
1657 einfetten
1658 fett; schmalz
1659 fettig
1660 Nesselsucht
1661 Brennnessel
1662 Heidekraut
1663 Traube
1664 weiße Traube
1665 Muskatellertraube
1666 Rosine
1667 Sultanine
1668 Korinthe
1669 rote Traube
1670 Kuh
1671 langsam
1672 Rippenstück
1673 Dampf
1674 abwechslungsreich
1675 Gefäß
1676 Vase; Blumentopf
1677 Roastbeef
1678 leer
1679 Hirsch
1680 Pflanzlich
1681 vegetarier
1682 Kerze
1683 alt
1684 schnell
1685 Bauch
1686 Sommer
1687 Grünfink
1688 Gemüse
1689 Wurm
1690 Rot
1691 Lack
1692 Wirbel
1693 wirbeltier
1694 (aus-, ein-)gießen
1695 Bläschen
1696 Wespe
1697 glasiert
1698 Glas
1699 **Jakobsmuscheln**
1700 Weidenrute
1701 Essig

ESPANHOL (Español)

1651 turbio
1652 médula; tuétano
1653 olmo
1654 Último
1655 húmedo
1656 unir
1657 untar
1658 unto
1659 untuoso
1660 urticaria
1661 ortiga
1662 brezo
1663 uva
1664 uva verde
1665 uva moscatel
1666 pasa; uva pasa
1667 sultana
1668 corinto (pasas de)
1669 uva negra
1670 vaca
1671 lento
1672 corte entre costillas
1673 vapor
1674 variado
1675 envases de vidrio
1676 jarrón
1677 corte de carne (vacuno)
1678 vacío
1679 venado
1680 vegetal
1681 vegetariano
1682 vela
1683 viejo
1684 veloz
1685 vientre
1686 verano
1687 verdoso
1688 verdura
1689 gusano
1690 rojo
1691 barniz
1692 vértebra
1693 vertebrado
1694 verter
1695 vesícula
1696 avispa
1697 envidriado
1698 vidrio
1699 **vieira**
1700 junco
1701 vinagre

vieira
scallop
coquille saint-jacques
Jakobsmuscheln
vieira

PORTUGUÊS	INGLÊS (English)	FRANCÊS (Français)
1702 vinagrete	1702 vinaigrette	1702 vinaigrette
1703 vindima	1703 grape harvest	1703 vendange
1704 vindimador (trabalhador da vindima)	1704 grape harvester	1704 vendangeur
1705 vinha	1705 vineyard	1705 vigne
1706 vinho	1706 wine	1706 vin
1707 vinho a copo (PT)	1707 wine glass	1707 verre de vin
1708 vinho branco	1708 white wine	1708 vin blanc
1709 vinho clarete	1709 claret	1709 vin clairet
1710 vinho da casa	1710 house wine	1710 vin de la maison
1711 vinho de mesa	1711 table wine	1711 vin de table
1712 vinho do Porto	1712 Port wine	1712 Porto
1713 vinho doce	1713 dessert wine	1713 vin de dessert
1714 vinho em taça	1714 wine glass	1714 verre de vin
1715 vinho moscatel	1715 moscatel wine	1715 vin doux de setubal
1716 vinho rosê	1716 rosé wine	1716 rosé
1717 vinho tinto	1717 red wine	1717 vin rouge
1718 vinho verde	1718 green wine	1718 vinho verde
1719 víscera	1719 viscera	1719 viscère
1720 viscoso	1720 viscous	1720 visqueux
1721 vista	1721 view	1721 vue
1722 vitamina	1722 whipped	1722 battu
1723 vitela	1723 veal	1723 veau
1724 viticultura	1724 viticulture	1724 viticulture
1725 viveiro (de plantas)	1725 plant nursery	1725 pepinière; vivier
1726 vivo	1726 living; alive	1726 vivant
1727 vol-au-vent	1727 vol-au-vent	1727 vol-au-vent
1728 vontade	1728 wish; determination	1728 volonté; envie
1729 voraz	1729 voracious	1729 vorace
1730 **xaputa (peixe) (PT)**	1730 **ray's bream**	1730 **grande castagnole**
1731 xarope (calda) (PT)	1731 syrup	1731 sirop
1732 **xarroco (peixe) (PT)**	1732 **toadfish**	1732 **crapaud de mer**
1733 xerém / xarém	1733 maize-meal	1733 farine de maïs
1734 xícara	1734 demi-tasse	1734 petite tasse
1735 xisto	1735 schist	1735 chiste
1736 zimbro	1736 juniper	1736 genièvre
1737 zinco	1737 zinc	1737 zinc

ALEMÃO (Deutsch)

1702 Vinaigrette
1703 Weinlese
1704 Weinleser (in)

1705 Weinberg
1706 Wein
1707 Glas Wein
1708 Weißwein
1709 Bleicher
1710 Hauswein
1711 Tischwein
1712 Portwein
1713 Süßwein
1714 Glas Wein
1715 Muskatellerwein
1716 Roséwein
1717 Rotwein
1718 grüner Wein
1719 Eingeweide
1720 zähflüssig
1721 Blick
1722 Geschlagen
1723 Kalb (fleisch)
1724 Weinbau
1725 Fischteich
1726 lebend
1727 blätterteig-Pastete
1728 Wunsch; Lust
1729 gierig; gefrässig
1730 **Brachsenmakrele**
1731 Sirup
1732 **Froschfisch**
1733 Maisbrei
1734 Tasse
1735 Schiefer
1736 Wacholder
1737 Zink

ESPANHOL (Español)

1702 vinagreta
1703 vendimia
1704 vendimiador

1705 viña
1706 vino
1707 vino por copas
1708 vino blanco
1709 vino clarete
1710 vino de la casa
1711 vino de mesa
1712 vino de Oporto
1713 vino dulce
1714 vino por copas
1715 vino moscatel
1716 vino rosado
1717 vino tino
1718 vino verde
1719 víscera
1720 viscoso
1721 vista
1722 batido
1723 ternera
1724 viticultura
1725 vivero
1726 vivo
1727 vol-au-vent
1728 voluntad
1729 voraz
1730 **japuta**
1731 jarabe
1732 **pez sapo**
1733 papa de maíz
1734 jícara; taza
1735 pizarra
1736 enebro; junípero
1737 zinc

xaputa
ray's bream
grande castagnole
Brachsenmakrele
japuta

xarroco
toadfish
crapaud de mer
Froschfisch
pez sapo

Inglês

English
Anglais
Englisch
Inglés

INGLÊS (English)

1685 abdomen	100 azores pineapple	30 bitter
16 absinth	879 baby horsemackeral	85 bitter
240 acorn	173 bagasse	157 bitter
131 added aroma	182 bain-marie	94 bitter almond
27 advise	189 baked clay	223 bivalves
756 a fry	1171 baker	1122 black
37 agar-agar (gelatine made of seaweed)	177 balsamite	1330 black
	178 bamboo	705 black bean
125 air-conditioned	179 banana	401 black beer
68 algae	442 barbecue	1669 black grape
1726 alive	184 barbel	428 black grouper
877 alligator	371 bark	1045 black grouper
93 almond	407 barley	1279 black pepper
86 almond liqueur	186 barrel	1091 black pudding
191 a lot	187 barrel beer	411 black tea
1100 a lot	1582 barrel-maker	703 black-eyed bean
1080 american sauce	1617 barrel-maker	99 blackberry
101 anchovy	998 basil	1036 blackbird
1081 andalusian sauce	70 basin	376 blackcurrant
105 anemone	404 basket	840 blackcurrant
277 angel's hair	1435 bass	901 blade
108 angelica	1657 baste	1501 blood
111 anise	910 baste with lard	346 blue crab
642 anise	55 batter	1568 board
121 apiculture	1321 beach	1569 board
120 appetite	696 bean dish	229 bogue
21 appetizer	1210 bean patties	532 boiled
113 appetizer	708 bean stew	1162 boiled egg
119 appetizer	1082 béarnaise sauce	196 boiled potato
528 appetizer	1083 béchamel	609 boiling
973 apple	5 bee	713 boiling
11 apricot	230 beef	1152 bone
83 apricot	1271 beef steak	1179 bonito
561 apricot	1649 beef steak	1418 book
152 apron	399 beer	243 bordelaise style
1641 arctic charr	435 beer glass	245 borrage
721 a rich sauce with mushrooms, olives, lemon juice and madeira wine	402 beer house	793 bottle
	212 beet	308 bouillabaisse
	212 beetroot	129 bouquet
128 aroma	1685 belly	265 bouquet
130 aromatic	207 beluga	1085 bourguignonne sauce
1251 aromatic	171 berry	250 bovine
644 aromatic herbs	1033 best	70 bowl
56 artichoke	1174 big sausage	991 bowl
447 ash	218 bigarade sauce (orange sauce)	1606 bowl
448 ash-tray		1060 brains
142 asparagus	495 bill	252 braised
143 aspect	1208 bird	668 bramble
144 aspic	221 biscuit	1533 bramble
1157 autumn	233 biscuit	1377 branch
1023 average	1092 bite	913 brass
1 avocado	22 bitter	1184 bread (subst.)

INGLÊS (English)

- 620 bread (verbo)
- 405 bread basket
- 1189 bread roll
- 619 breaded
- 1239 breaded green beans
- 1346 break
- 299 breakfast
- 1228 breast
- 1371 breed
- 1608 brick
- 1437 brill
- 695 broad bean
- 257 broccoli
- 258 bronze
- 137 brown rice
- 32 brown sugar
- 524 brussels sprout
- 176 bucket
- 262 buffalo
- 263 buffet
- 1629 bull
- 254 bun
- 289 bunch
- 1357 burn
- 1285 burnet
- 29 butcher's
- 1574 butcher's
- 1000 butter
- 704 butter bean
- 523 cabbage
- 1412 cabbage
- 310 cabbage soup
- 293 cactus
- 297 café
- 302 caffeine
- 237 cake
- 1133 calf (veal)
- 1067 calf's foot
- 313 calorie
- 324 camomile
- 327 canapés
- 328 cancel
- 1682 candle
- 1222 candle wick
- 69 candy floss
- 335 canteen
- 58 caper
- 337 capon
- 344 caramel
- 933 caramel crème
- 59 caraway
- 890 caraway
- 796 carbonated
- 45 carbonated water
- 348 carcass
- 538 carnation
- 355 carnival
- 66 carob
- 362 carp
- 89 carpetshell
- 364 carqueja
- 392 carrot
- 306 cashew
- 378 cashew nut
- 185 cask
- 996 cassava
- 287 casserole
- 768 cattle
- 525 cauliflower
- 385 caviar
- 50 celery
- 1492 celery
- 234 cep
- 394 cep
- 1314 cep
- 396 cereal
- 406 cetacean
- 294 chair
- 415 champagne
- 333 chantarelle (edible mushroom)
- 419 chantarelle (edible mushroom)
- 420 chantilly
- 251 charcoal
- 369 charcoal
- 421 charcuterie
- 19 chard
- 379 château
- 226 cheeks
- 1348 cheese
- 398 cherry
- 397 chervil
- 377 chestnut
- 1019 chew
- 773 chick or chicken
- 745 chicken
- 332 chicken broth
- 746 chicken curry
- 617 chicken patty
- 831 chickpea
- 78 chicory
- 429 chicory
- 1276 chilli
- 1358 chin
- 197 chips
- 389 chives
- 434 chocolate
- 241 chocolates
- 650 choose
- 517 chop
- 1269 chopped
- 387 chopped onion
- 1491 chopped parsley
- 1114 Christmas
- 391 Christmas Eve supper
- 383 chub mackerel
- 1426 churn
- 423 cigar
- 445 cigarette
- 1566 cigarette
- 246 cinders
- 330 cinnamon
- 449 citronella
- 87 clam
- 451 claret
- 1709 claret
- 452 clarify
- 574 clarify
- 188 clay
- 950 clean
- 453 clear
- 454 clementine
- 699 closed
- 1139 cloud (subst.)
- 1650 cloud (verbo)
- 1651 cloudy
- 539 clove
- 1636 clover
- 369 coal
- 515 coast
- 780 cock
- 295 cockle
- 490 cockle
- 209 cockle
- 501 cocktail
- 460 cocktail sauce
- 288 cocoa
- 461 coconut
- 236 codfish patties
- 167 codfish seller
- 437 codfish soup
- 296 coffee
- 304 coffee pot
- 471 coffee spoon
- 751 cold

[89]

INGLÊS (English)

- 752 cold meats
- 505 colouring agent
- 317 common prawn
- 320 common prawn
- 103 common tern
- 1391 complain
- 483 concentrated
- 923 condensed milk
- 487 confectioners
- 599 confectionery
- 489 conger eel
- 1462 conger eel
- 942 connect
- 1656 connect
- 309 consommé
- 494 consommé
- 497 convent-style
- 531 cook
- 535 cook
- 536 cook
- 534 cooked
- 123 cooked slowly
- 503 cooked until golden
- 233 cookie
- 133 cool
- 652 cool
- 1582 cooper
- 1617 cooper
- 458 copper
- 504 coral
- 467 coriander
- 508 coriander
- 466 coriander sauce
- 512 cork
- 1442 cork
- 1537 cork oak
- 1461 corkscrew
- 1053 corn
- 255 corn bread
- 1187 corn bread
- 974 corn on the cob
- 1057 corn porridge
- 325 country
- 10 courgette
- 560 couscous
- 457 cover (subst.)
- 459 cover (verbo)
- 1670 cow
- 345 crab
- 1343 crackling
- 1622 crackling
- 261 craw
- 1194 craw
- 1298 crayfish
- 1113 cream
- 540 crème
- 541 crème brûlée
- 542 crème of shellfish
- 544 crêpe
- 514 croaker
- 549 crocodile
- 1194 crop
- 551 croutons
- 510 crown
- 774 cruet stand
- 1052 crumb
- 548 crunchy
- 653 crushed
- 372 crust
- 462 crust
- 553 crustacean
- 547 crystallised
- 758 crystallised fruit
- 239 crystallised fruit loaf
- 1242 cucumber
- 554 culinary art
- 480 cumin
- 424 cup
- 1570 cup
- 1416 curd cheese
- 455 curds
- 557 cured
- 1349 cured cheese
- 509 currant
- 559 curry
- 135 curry's rice
- 1337 custard crème
- 511 cut
- 1573 cutlery
- 518 cutlet
- 433 cuttlefish
- 443 cyder
- 1655 damp
- 1576 date
- 562 date shell
- 1101 dead
- 582 debone
- 577 decaffeinated
- 301 decaffeinated coffee
- 563 decanter
- 565 decorate
- 564 decorated
- 628 decorated
- 1335 deep pot
- 580 defrosted
- 569 delicacy
- 856 delicacy
- 1297 delicacy
- 1734 demi-tasse
- 578 descale
- 602 dessert
- 1538 dessert
- 473 dessert spoon
- 1713 dessert wine
- 1728 determination
- 590 diet
- 591 digest
- 592 digestion
- 106 dill
- 593 dill
- 626 dill
- 594 dilute
- 353 dilute coffee
- 1470 dining room
- 878 dinner
- 1560 dirty
- 581 discount
- 1323 dish of the day
- 967 dishes
- 597 dissolve
- 587 distillery
- 1408 divide out
- 506 doe
- 95 dog cockle
- 573 dog's tooth bream
- 286 dogfish
- 817 dolphin
- 775 domestic fowl and game birds
- 1203 done
- 267 donkey
- 1022 dose
- 608 dozen
- 651 drained
- 701 dried bean
- 359 dried meat
- 205 drink (subst.)
- 204 drink (verbo)
- 1402 drizzle
- 634 drop
- 1286 drop
- 613 drunk
- 637 dry
- 1514 dry
- 1219 duck
- 984 duck's breast

[90]

INGLÊS (English)

- 1229 duck's breast
- 1355 dutch type cheese
- 1148 ear
- 665 ear of corn
- 1600 earth
- 219 earthen pot
- 1201 Easter
- 477 eat
- 478 edible
- 630 eel
- 633 eel stew
- 611 effervescent
- 1160 egg
- 1169 egg and sugar dessert
- 1161 egg as garnish
- 210 egg plant
- 1607 egg pudding
- 724 egg strands and sugar
- 450 egg white
- 805 egg yolk
- 1634 electric ray
- 1144 elm
- 1653 elm
- 109 elver
- 1027 elver
- 1678 empty (adj.)
- 681 empty (verbo)
- 622 emulsion
- 522 enclosed hunting ground
- 625 endive
- 613 enebriated
- 671 espresso
- 213 espresso coffee
- 446 espresso coffee
- 673 essence
- 850 estate
- 1333 estate
- 374 estate worker
- 4 european abalone
- 1149 european abalone
- 1351 ewe's cheese
- 1155 excellent
- 683 extract
- 1143 eye
- 1449 face
- 584 faded
- 1101 faded
- 783 fallow deer
- 828 farm
- 1363 farm
- 464 farmed rabbit
- 40 farmer
- 326 farmer
- 555 farmer
- 918 farmer
- 1620 fashion (verbo)
- 820 fat (adj.)
- 821 fat (subst.)
- 629 fatten
- 822 fatty
- 765 fennel
- 716 fig
- 1388 fill
- 717 fillet
- 456 filter
- 719 filter
- 720 filter
- 300 filtered coffee
- 183 fin (of a fish)
- 1270 finally minced or chopped
- 1597 finch
- 723 fine
- 1467 fine salt
- 732 fire
- 911 fireplace
- 935 firewood
- 1230 fish
- 1231 fish done in the oven
- 755 fish fry-up
- 966 fish market
- 1547 fish soup
- 308 fish stew
- 380 fish stew
- 667 fishbone
- 1256 fishing
- 1400 fizzy drink
- 726 flambé
- 732 flame
- 727 flamed
- 496 flank steak
- 1382 flat
- 824 flavour
- 1459 flavour
- 730 fleur de sel
- 728 flock
- 1159 flock
- 687 flour
- 729 flower
- 1096 fly
- 672 foaming
- 736 fondue
- 77 food
- 1223 foot
- 20 fore ribs
- 1605 forehead
- 787 fork
- 14 forkbeard
- 1366 french toast
- 748 fresh
- 165 fresh cod
- 749 fricassee
- 1531 friday
- 754 fried
- 1165 fried egg
- 718 fried egg and flour cakes in syrup
- 18 fried onions
- 1216 fried piece of codfish
- 214 fried pork sandwich
- 197 fried potato
- 1365 frog
- 530 frog's leg
- 488 frozen
- 801 frozen
- 757 fruit
- 1556 fruit juice
- 481 fruit preserve
- 1472 fruit salad
- 753 fry-up
- 750 frying pan
- 426 full
- 767 funnel
- 1695 gall bladder
- 284 game
- 880 garden
- 49 garfish
- 1232 garfish
- 73 garlic
- 1488 garlic sausage
- 844 garnished
- 52 garnished with garlic
- 845 garnishing
- 795 gas
- 797 gaspacho
- 798 gastronomy
- 771 gelatine
- 802 gelatine
- 807 geranium
- 1066 giblets
- 605 gilt head bream
- 806 ginger
- 1070 gizzard
- 814 gland
- 500 glass
- 1698 glass
- 343 glazed

[91]

INGLÊS (English)

- 907 glazed
- 815 glycerine
- 279 goat
- 1350 goat's cheese
- 1570 goblet
- 278 goby
- 606 golden
- 88 golden carpetshell
- 784 goose
- 1249 goose barnacle
- 271 gourd
- 827 gram
- 828 grange
- 1663 grape
- 1703 grape harvest
- 1704 grape harvester
- 832 grapefruit
- 1618 grapefruit
- 1375 grated
- 1190 grated bread
- 1356 grated cheese
- 1376 grater
- 834 gratiné
- 1463 gravel texture
- 1658 grease
- 1659 greasy
- 706 green or runner bean
- 1278 green pepper
- 412 green tea
- 1718 green wine
- 1688 greenery
- 1687 greenfinch
- 1572 grey mullet
- 835 grill (subst.)
- 837 grill (verbo)
- 836 grilled
- 1064 grilled ham and cheese sandwich
- 1071 grind
- 1587 grog shop
- 954 groove razor clam
- 1074 ground
- 792 grouper
- 777 grouse
- 40 grower
- 555 grower
- 816 guava
- 498 guest
- 1452 gurnard
- 1044 hake
- 1258 hake
- 1259 hake
- 1047 half
- 53 halibut
- 76 halibut
- 1478 hall
- 714 ham
- 1328 ham
- 1001 hand
- 607 hard
- 919 hare
- 1128 harmful
- 1679 hart
- 469 harvest
- 150 hazelnut
- 272 head
- 425 headwaiter
- 1456 healthy
- 502 heart
- 1180 heart of palm
- 312 heat
- 124 heated
- 1662 heather
- 776 hen
- 338 hen run
- 778 hen run
- 978 herb bennet
- 849 herbaceous
- 643 herbs
- 785 heron
- 127 herring
- 1542 hiccup
- 475 hive
- 162 holly
- 163 holm oak
- 375 home-made
- 928 homogenised milk
- 1028 honey
- 238 honey cake
- 1032 honey dew melon
- 697 honeycomb
- 982 honeysuckle
- 972 hops
- 347 horse mackerel
- 384 horse mackerel
- 1368 horse-radish
- 1272 hot
- 1359 hot
- 290 hot dog
- 291 hot dog
- 1294 hot sauce
- 1710 house wine
- 735 hunger
- 285 hunter
- 804 ice
- 1550 ice-cream
- 859 incision
- 860 indigestion
- 861 infusion
- 1610 ink
- 584 insipid
- 863 insipid
- 864 insoluble
- 867 instant
- 869 intestine
- 870 intoxication
- 694 invoice
- 712 iron
- 848 ivy
- 876 jaboticaba (brazilian fruit)
- 194 jacket potato
- 482 jam pot
- 883 jasmine
- 769 jay
- 803 jelly
- 1026 jelly-fish
- 161 jet
- 1234 john dory
- 1236 john dory
- 1464 john dory
- 882 jug
- 1555 juice
- 1736 juniper
- 886 kaffir lime
- 843 keep
- 374 keeper
- 281 kid
- 1431 kidney
- 1362 kilo
- 533 kitchen
- 889 kiwi
- 885 knee
- 684 knife
- 1127 knot
- 556 kumquat
- 888 kumquat
- 891 kumquat
- 1361 lady fingers
- 895 lake
- 1644 lake trout
- 247 lamb
- 507 lamb
- 274 lamb's head
- 902 laminated
- 904 lamprey-eel
- 1600 land

INGLÊS (English)

- *898* langoustine
- *181* lard
- *1628* lard
- *1658* lard
- *1107* large piece
- *342* large snail
- *1654* last
- *1430* lasting
- *1585* late developer
- *968* laurel
- *1220* laurel branch
- *67* lavendar
- *314* layer
- *733* leaf
- *74* leek
- *75* leek
- *682* left over
- *1536* left over
- *1252* leg
- *1253* leg of lamb
- *893* leg of pork
- *1254* leg of pork
- *946* lemon
- *641* lemon balm
- *1034* lemon balm
- *409* lemon rind infusion
- *444* lemon scented verbena
- *949* lemon scented verbena
- *969* lemon scented verbena
- *160* lemon sole
- *948* lemonade
- *937* lent
- *1671* lent
- *936* lentil
- *1037* less
- *260* lesser slipper lobster
- *1291* lesser spotted dogfish
- *64* lettuce
- *1382* level
- *900* lick
- *1580* lid
- *731* light
- *939* light
- *943* light
- *874* lighter
- *958* lily
- *947* lime
- *1609* lime
- *410* lime infusion
- *906* limpet
- *956* linen
- *1015* ling
- *941* liqueur
- *311* liqueur glass
- *957* liquid
- *575* liquify
- *766* liquify
- *962* litre
- *1319* little
- *715* liver
- *1218* liver paste
- *546* livestock
- *545* livestock farming
- *1726* living
- *1469* living room
- *916* lobster
- *964* loin
- *1125* loquat
- *175* low
- *986* low in calories
- *79* lunch
- *1012* lunch pail
- *228* lungs
- *1338* lungs
- *1635* lupin
- *940* lychee
- *975* macaroni
- *976* macédoine
- *1506* mackerel
- *980* macrobiotic
- *989* maître d'hôtel
- *1053* maize
- *1733* maize-meal
- *810* malabar melon
- *990* malagueta
- *1274* malagueta
- *994* mallow
- *993* malt
- *996* mandioca
- *997* mango
- *1013* marble
- *172* marc spirit
- *1006* margarine
- *1007* marinated
- *154* marinated in wine
- *270* marine snail
- *1016* maripan
- *999* marjoram
- *1041* market
- *1025* marrow
- *1652* marrow
- *657* mashed cooked spinach
- *1340* mashed potatoes
- *741* matchstick
- *987* mayonnaise
- *1397* meal
- *1022* measure
- *356* meat
- *81* meat ball
- *418* meat done in wine
- *550* meat or fish patty
- *618* meat or fish pie
- *232* meat pie
- *1443* meat roll
- *1021* medallion
- *382* mediterranean locust
- *331* mediterranean murex
- *116* medium done
- *1204* medium done
- *318* medium prawn
- *1125* medlar
- *1031* melon
- *576* melt
- *575* melt (verbo)
- *766* melt (verbo)
- *350* menu
- *1039* menu
- *1043* meringue
- *1048* metal
- *1051* microbe
- *922* milk
- *772* milk coffee served in a glass
- *1054* milkshake
- *1071* mill
- *1075* mill
- *1074* milled
- *1269* minced
- *358* minced meat
- *1268* minced meat
- *46* mineral water
- *854* mint
- *1038* mint
- *661* mirror
- *1063* mixed
- *1473* mixed salad
- *1065* mixture
- *1029* molasses
- *1089* mollusc
- *1516* monday
- *595* money
- *1578* monk fish
- *1093* moray eel
- *988* more
- *1094* morel
- *811* morello cherry
- *812* morello cherry brandy

INGLÊS (English)

225 morsel	1141 odour	1218 pâté de foie gras
912 morsel	1302 off	1215 paw
1225 morsel	1066 offal	1173 pay
80 mortar	1142 oil	645 pea
1273 mortar	903 oil lamp	1262 peach
1665 moscatel grape	1659 oily	1221 peacock
1715 moscatel wine	114 old	96 peanut
1103 moss	1683 old	1246 pear
1073 mould	669 oleander	1247 pear in wine
1072 mouldy	963 oleander	579 peeled
283 mountain goat	159 olive	1303 pennyroyal
1523 mountains	158 olive oil	1277 pepper
1104 mousse	894 olive press	1069 pepper mill
224 mouth	1145 omelette	1282 pepper pot
329 mug	386 onion	830 peppercorn
140 mugwort	1545 onion soup	855 peppermint
468 mushroom	1146 opaque	1248 perch
1050 mussel	1651 opaque	266 periwinkle
1099 must	6 open	339 persimmon
1097 mustard	12 open (verbo)	1553 perspiring
1098 mustard pot	13 open (a bottle)	1263 petal
360 mutton	7 opening	235 petits fours
1061 myrtle	908 orange	685 pheasant
1102 myrtle	909 orangeade	107 phile
842 napkin	1309 orchard	315 phisalis
1110 narcissus	1147 oregan	725 phisalis
1111 nard	1150 orquid	1267 phisalis
1115 natural	1151 ossetra	1243 pickled gherkins
1116 nature	414 ossobuco	689 picnic hamper
1117 nausea	1153 ossobuco	1212 pie
1260 neck	153 ostrich	1315 pig
788 neck of bottle	965 otter	1392 pig
1120 nectar	739 oven	275 pig's head
1121 nectarine	738 oven-baked	276 pig's head
1124 nerve	513 owl	1224 pig's trotter
1126 nest	1370 ox tail	1310 pigeon
1661 nettle	1154 oyster	168 piglet
1660 nettle rash	26 packaged	921 piglet
1134 new	1172 paella	1266 pigs' trotter
1438 nibble (verbo)	1178 palm tree	970 pike
1264 nibbles	1183 pan	1289 pime
1132 night	585 pantry	1288 pine nut
1450 nightingale	995 papaya	1290 pine nut
1108 no	1192 papaya	2 pineapple
1123 none	1193 papillotte	1445 pink
1112 nose	476 paprika	321 pink shrimp
1623 nougat	1197 paprika	826 pip
1136 nutmeg	1490 parsley	1521 pip
368 oak	1250 partridge	280 piper
149 oat	1004 passion fruit	1294 piripiri
1306 octopus	1211 pastry	1295 pistachio
427 odour	1217 pâté	1296 pitaya

[94]

INGLÊS (English)

- 794 pitcher
- 944 plaice
- 1540 plaice
- 47 plain water
- 1299 plant
- 1725 plant nursery
- 809 plaster
- 1322 plate
- 126 plough
- 422 plough
- 1584 plover
- 91 plum
- 1301 poached
- 1167 poached egg
- 870 poisoning
- 959 polished
- 1304 polished
- 1444 pomegranate
- 54 poplar
- 439 poplar
- 1196 poppy
- 1313 porcelain
- 1315 pork
- 1392 pork
- 1494 pork butcher
- 688 pork sausage with flour flavouring
- 698 pork steaklet
- 1056 porridge
- 1712 Port wine
- 604 portion
- 1312 portion
- 323 Portuguese crowberry
- 1024 Portuguese strawberry
- 1571 pot
- 1318 potable
- 192 potato
- 193 potato roasted and crashed
- 198 potato sticks
- 273 potted pig's head
- 148 poultry
- 72 poultry filled sausage
- 1694 pour
- 686 pout
- 1300 powder
- 926 powdered milk
- 951 prawn
- 866 premises
- 1327 prepare
- 492 preservative
- 491 preserve
- 653 pressed
- 1324 price
- 960 price list
- 521 private forest land
- 1332 producer
- 850 property
- 1333 property
- 92 prune
- 1336 pudding
- 734 puff pastry
- 1017 puff pastry
- 743 pullet
- 1305 pulp
- 9 pumpkin
- 271 pumpkin
- 1311 punch
- 1342 pure
- 1055 purée
- 1339 purée
- 574 purify
- 1341 purify
- 206 purslane
- 463 quail
- 1344 quality
- 1010 quince
- 1011 quince
- 365 rack of lamb
- 1367 radish
- 632 ragout
- 846 ragout
- 1643 rainbow trout
- 1202 raisin
- 1378 rancid
- 1379 rapid
- 1684 rapid
- 992 rare
- 1380 rare
- 742 raspberry
- 115 raw
- 552 raw
- 1163 raw egg
- 1730 ray's bream
- 1118 razor shell
- 1390 receipt
- 1386 recent
- 1385 recipe
- 1675 recipient
- 1393 recommend
- 1690 red
- 707 red bean
- 857 red bream
- 1486 red mullet
- 819 red sea bream
- 1717 red wine
- 839 redcurrant
- 1396 reduced
- 581 reduction
- 1395 reduction
- 1399 refresh
- 1401 refuse (subst.)
- 1394 refuse (verbo)
- 1403 region
- 659 regional speciality
- 1404 regular
- 1401 rejects
- 1422 remains
- 1407 renew
- 1405 rennet apple
- 1410 repeat
- 1415 replace
- 1411 replete
- 1417 reservation
- 1418 reserve
- 1419 residue
- 1420 resin
- 1421 restaurant
- 1425 reveal
- 516 rib
- 134 rice
- 139 rice pudding
- 1138 rich
- 1429 rigid
- 104 ring
- 983 ripe
- 1406 rise
- 1434 rissoles
- 1427 river
- 1432 river
- 934 river bed
- 146 roast
- 1447 roast beef
- 282 roast kid
- 1439 roast pork
- 195 roast potato
- 145 roasted
- 896 rock lobster
- 1158 roe (of fish)
- 1441 rolled
- 627 rolled in flour
- 65 roman lettuce
- 1590 roof tile
- 780 rooster
- 1374 root
- 1451 roquette
- 1446 rose

[95]

INGLÊS (English)

1716 rosé wine	614 sausages	259 shoot
334 rosefish	199 sauté potato	1170 shoulder
61 rosemary	1495 sautéed	1423 shred
1448 rosemary	1520 savage	583 shredded
1302 rotton	1517 savory	316 shrimp
1463 rough	28 savoury bread soup	1241 sieve (subst.)
1468 rough salt	1414 savoy cabbage	456 sieve (verbo)
1441 roulé	1524 sawdust	719 sieve (verbo)
219 rounded jar	1235 scabbard fish	8 silver fir
363 royal carp	1699 scallop	132 skates
897 royal spiny lobster	648 scalloped	256 skewer
1453 rum	340 scarlet shrimp	664 skewer
60 rump	1735 schist	924 skimmed milk
1454 rural	1604 scissors	1240 skin
1474 russian salad	1381 scorpionfish	242 skipjack
305 rustic	1166 scrambled egg	519 skylark
1455 rustic	1020 scrubland	691 slice
393 rye	1003 sea	912 slice
1185 rye bread	438 sea bream	1316 slice
1518 saddle	1199 sea bream	1436 slice
17 saffron	341 sea snail	692 slice of bread
1496 sage	1156 sea urchin	693 sliced
62 saithe	1008 seafarer	873 sliced liver
1465 saithe	770 seagull	912 slither
1471 salad	638 season	15 sloe
1476 salad bowl	674 season	937 slow
1477 salami	485 seasoned	1671 slow
1481 saline	1591 seasoned	1585 slow to ripen
1483 saliva	486 seasoning	588 slowly
1484 salmon	1592 seasoning	938 slug
1642 salmon trout	829 seed	1244 small
1466 salt	1521 seed	1292 small barrel
1479 salt cellar	650 select	1207 small birds
166 salt cod	1519 selected	791 small cup of coffee with milk
1482 saltpeter	1354 semi-cured cheese	436 small cuttlefish
1480 salty	931 semi-skimmed milk	790 small draft beer
1497 samosa	932 semi-skimmed milk	1564 small meringue
373 sand-sole	1522 separate	616 small pie or pasty
1498 sandalwood	1528 serve	1335 small pot
1500 sandwich	25 served with	319 small prawn
1507 sardine	1527 service	1265 small sardine
1509 sargasso	808 sesame	1326 small steak between bread
1411 satisfied	1530 sevruga	222 small steak garnished with fried egg
1457 saturday	1512 shad	298 small strong coffee
1079 sauce	413 shallot	1014 small whiting
1078 sauce boat	610 shallot	1237 smelt
1084 sauce bordelaise	1526 shallow frying pan	761 smoke
589 sauce diable	1645 shark	566 smoked
1088 sauce hollandaise	760 shellfish	1329 smoked ham
1293 saucer	1546 shellfish soup	357 smoked meat
441 sauerkraut	1214 shepherd	1485 smoked salmon
1493 sausage	1532 shiitake	

[96]

INGLÊS (English)

- 440 smoked sausage
- 567 smokery
- 763 smokery
- 151 smooth
- 90 smooth venus
- 905 snack
- 649 snail
- 1109 snipe
- 572 soak
- 1458 soap
- 979 soft
- 1076 soft
- 1554 soft
- 1168 soft boiled egg
- 1353 soft cheese
- 1059 soft part of bread
- 953 sole
- 366 sole-like fish
- 1541 solid
- 1543 soluble
- 1549 sorbet
- 1558 soufflé
- 1544 soup
- 474 soup spoon
- 1548 soup terrine
- 1603 soup terrine
- 484 soup-ladle
- 23 sour
- 155 sour dock
- 737 source
- 1539 soya
- 655 spaghetti
- 677 spanish mackerel
- 211 spanish sea bream
- 636 spare-ribs
- 1672 sparkling
- 43 sparkling water
- 1198 sparrow
- 799 sparrow-hawk
- 1489 spatter
- 658 speciality
- 955 spiced smoked sausage
- 660 spices
- 122 spicy
- 1272 spicy
- 1502 spider crab
- 1111 spikenard
- 666 spinach
- 1177 spiny turbot
- 256 spit
- 664 spit
- 1186 sponge cake
- 470 spoon
- 1331 spring
- 1105 spring turnip
- 1402 sprinkle
- 670 squeeze
- 971 squid
- 403 stag
- 1679 stag
- 1129 stain
- 1575 stalk
- 97 starch
- 700 starch
- 635 starters
- 215 steak
- 216 steak garnished with fried egg
- 217 steak tartare
- 1552 steak tartare
- 1673 steam
- 24 steel
- 977 steep
- 1575 stem
- 632 stew
- 846 stew
- 71 stew with garlic
- 3 stewed
- 1398 stewed
- 38 stir
- 1049 stir
- 1426 stir
- 1650 stir up
- 676 stomach
- 261 stomach of animal
- 1226 stone
- 428 stone bass
- 1442 stopper
- 843 store
- 336 straw
- 1090 strawberry
- 709 street market
- 711 striped sea bream
- 740 strong
- 1387 stuffed
- 1389 stuffing
- 680 sturgeon
- 110 suckling lamb
- 168 suckling pig
- 921 suckling pig
- 1513 suet
- 1557 sufficient
- 31 sugar
- 34 sugar bowl
- 759 sugar-apple
- 1287 sugar-apple
- 1559 suggest
- 1561 sulphate
- 1562 sultana
- 1667 sultana
- 1686 summer
- 603 sunday
- 813 sunflower
- 390 supper
- 1563 supplement
- 887 surimi
- 102 swallow
- 600 sweet
- 1188 sweet bread
- 1280 sweet pepper
- 200 sweet potato
- 41 sweet-and-sour
- 1077 sweetbread
- 33 sweeten
- 601 sweetened egg
- 36 sweetener
- 1119 swincrab
- 654 swordfish
- 307 syrup
- 1046 table
- 1613 table cloth
- 1711 table wine
- 174 tableware
- 381 tail
- 1369 tail
- 1227 take
- 1614 take
- 1577 tamarind
- 1581 tangerine
- 44 tap water
- 1583 tapioca
- 678 tarragon
- 1087 tarragon sauce
- 1624 tart
- 1211 tartlet
- 824 taste
- 1459 taste
- 865 tasteless
- 1334 tasting
- 1040 tasting menu
- 825 tasty
- 847 tasty
- 1460 tasty
- 1567 tavern
- 408 tea
- 1478 tea room

[97]

INGLÊS (English)

472 tea spoon	1505 toad	1647 tubercule
264 teapot	1238 toadfish	1599 tuesday
1589 telephonist	1732 toadfish	1648 tulip
1594 tench	1621 toast	147 tuna
1595 tender	417 toasted	1325 turbot
1596 tentacle	445 tobacco	1255 turkey
1598 tepid	1566 tobacco	1620 turn on lathe
1602 terracota	1565 tobacco shop	1106 turnip
1601 terrass	1615 tomato	838 turnip leaves
1334 test	84 tomorrow	1586 turtle
1140 thank you	952 tongue	1440 turtle dove
662 thick	48 tonic water	1611 typical
841 thick	571 too much	1560 unclean
529 thigh	1176 tooth-pick	115 uncooked
723 thin	1625 tortilla	586 uncover
985 thin	156 to turn bitter	1257 underwater fishing
1515 thirst	1430 tough	1525 upland
351 thistle	1630 toxic	499 utility room
789 throat	1631 traditional	203 vanilla
1619 thrush	180 tray	1674 varied
1364 thursday	1569 tray	292 variety of bream
1616 thyme	1633 tray	1373 variety of plum
1297 tidbit	526 tree or cow cabbage	430 variety of squash
322 tiger prawn	1200 trellised vine	1691 varnish
164 tile	1334 trial	1676 vase
1593 time	118 trim	1723 veal
851 timetable	598 tripe	920 vegetable
851 timing	1638 tripe	1680 vegetable
823 tip	1640 trout	852 vegetable garden
833 tip	1639 truffle	881 vegetable garden
1612 tisane	1646 truffle	853 vegetables

INGLÊS (English)

- 1681 vegetarian
- 63 vermicelli
- 1692 vertebra
- 1693 vertebrate
- 1721 view
- 1702 vinaigrette
- 1511 vine shoot
- 1701 vinegar
- 646 vinegar sauce used for meat or fish
- 1705 vineyard
- 1719 viscera
- 1720 viscous
- 1724 viticulture
- 1727 vol-au-vent
- 1729 voracious
- 786 waiter
- 1131 walnut
- 1135 walnut
- 1360 want
- 1095 warm
- 312 warmth
- 917 wash
- 914 wash-hand basin
- 1696 wasp
- 1419 waste
- 42 water
- 39 watercress
- 1030 watermelon
- 395 wax
- 1068 way
- 915 WC
- 227 wedding
- 370 wedding
- 1137 wedding
- 818 wedge
- 1345 wednesday
- 1233 weever
- 1261 weight
- 208 well cooked
- 208 well done
- 138 wet rice
- 1637 wheat
- 268 whelk
- 269 whelk
- 1722 whipped
- 702 white bean
- 1413 white cabbage
- 1664 white grape
- 1307 white octopus
- 1275 white pepper
- 136 white rice
- 1086 white sauce
- 1510 white seabream
- 1708 white wine
- 169 whiting
- 868 whole
- 929 whole milk
- 1700 wicker
- 253 wild
- 1520 wild
- 1534 wild
- 98 wild blackberry
- 884 wild boar
- 51 wild celery
- 1147 wild marjoram
- 465 wild rabbit
- 1706 wine
- 35 wine cellar
- 1714 wine glass
- 367 wine list
- 568 wine tasting
- 1579 wine tasting cup
- 1588 wine tasting cup
- 141 wing
- 871 winter
- 1728 wish
- 1424 withdraw
- 248 wood
- 981 wood
- 1020 wood
- 978 wood avens
- 779 woodcock
- 1058 worm
- 1689 worm
- 862 yam
- 710 yeast
- 1535 yes
- 872 yoghurt
- 1134 young
- 747 young hen
- 244 young pigeon
- 1737 zinc

Francês

French
Français
Französisch
Francés

FRANCÊS (Français)

1066 abatits
1066 abats
5 abeille
11 abricot
83 abricot
561 abricot
16 absinthe
23 acide
24 acier
236 acras de morue
30 acre
495 addition
37 agar-agar (gélatine d'algues)
38 agiter
1049 agiter
247 agneau
507 agneau
110 agnelet
40 agriculteur
326 agriculteur
555 agriculteur
918 agriculteur
243 a la bordelaise
52 a l'ail
157 aigre
41 aigre-doux
73 ail
141 aile
71 aillade
68 algue
77 aliment
741 allumette
1512 alose
519 alouette
93 amande
94 amande amère
95 amende de mer
85 amer
97 amidon
107 amphore
1264 amuse-bouche
2 ananas
100 ananas des açores
101 anchois
114 ancien
267 âne
105 anémone
106 aneth
593 aneth
626 aneth
108 angélique

630 anguille
111 anis
642 anis
104 anneau
328 annuler
759 anone
1287 anone
121 apiculture
116 a point
120 appétit
118 apprêter
22 apre
1502 araignée de mer
1382 a ras
1024 arbousier
595 argent
188 argile
140 armoise
130 aromatique
131 aromatisé
128 arôme
667 arrête
1402 arrosé
554 art culinaire
56 artichaut
143 aspect
142 asperge
144 aspic
485 assaisonné
1591 assaisonné
486 assaisonnement
1592 assaisonnement
191 assez
1322 assiette
1237 athérine
210 aubergine
1123 aucun
1157 automne
153 autruche
1 avocat
149 avoine
164 azulejo
171 baie
182 bain-marie
177 balsamite
178 bambou
179 banane
1435 bar
69 barbe à papa
184 barbeau
1437 barbue
960 barême

185 barrique
175 bas
998 basilic
70 bassine
1722 battu
1100 beaucoup
779 bécasse
1109 bécassine
1083 béchamel
1497 beignet farci piquant triangulaire
718 beignets
1239 beignets d'haricots verts
1216 beignets de morue
207 béluga
1214 berger
857 beryx rouge
768 bétail
212 betterave
1000 beurre
506 biche
208 bien cuit
1205 bien cuit
399 bière
401 bière brune
187 bière pression
266 bigorneau
221 biscuit
542 bisque
1546 bisque
223 bivalves
450 blanc d'oeuf
89 blanchet
1637 blé
82 blondi
230 boeuf
229 bogue
204 boire
248 bois
981 bois
935 bois à brûler
205 boisson
1400 boisson gazeuse
991 bol
1606 bol
234 bolet
1314 bolet
794 bombonne
1411 bondé
242 bonite
224 bouche
1574 boucher

FRANCÊS (Français)

- 29 boucherie
- 1442 bouchon
- 1091 boudin
- 308 bouillabaisse
- 532 bouilli
- 1055 bouillie
- 1057 bouillie de maïs
- 309 bouillon
- 332 bouillon de poule
- 1171 boulanger
- 81 boulette de hachis
- 129 bouquet
- 265 bouquet
- 317 bouquet
- 245 bourrache
- 793 bouteille
- 250 bovin
- 252 braisé
- 251 braises
- 1377 branche
- 1220 branche de laurier
- 942 brancher
- 1656 brancher
- 402 brasserie
- 1159 brebis
- 254 brioche
- 1188 brioche
- 232 brioche farcie de viande salée
- 1608 brique
- 874 briquet
- 1346 briser
- 664 broche
- 970 brochet
- 256 brochette
- 257 brocolis
- 258 bronze
- 1020 broussaille
- 838 broutes
- 1357 brûler
- 1662 bruyère
- 268 buccin
- 269 buccin
- 263 buffet
- 262 buffle
- 1565 bureau de tabac
- 165 cabillaud
- 96 cacahuète
- 288 cacao
- 293 cactus
- 296 café
- 297 café (établissement)
- 791 café au lait dans une petite tasse
- 772 café au lait servi dans un verre
- 301 café décaféiné
- 213 café expresso
- 446 café expresso (à Porto)
- 300 café filtre
- 353 café léger
- 298 café serré
- 302 caféine
- 304 cafetière
- 463 caille
- 455 caillebotte
- 877 caïman
- 306 cajou
- 271 calebasse
- 311 calice
- 971 calmar
- 1317 calmar
- 313 calorie
- 323 camarines
- 951 camarote
- 324 camomille
- 305 campagnard
- 325 campagne
- 327 canapés
- 1219 canard
- 330 cannelle
- 335 cantine
- 58 câpre
- 344 caramel
- 348 carcasse
- 366 cardine
- 355 carnaval
- 392 carotte
- 66 caroube
- 362 carpe
- 363 carpe royale
- 1672 carré
- 365 carré d'agneau
- 367 carte des vins
- 59 carvi
- 890 carvi
- 1346 casser
- 287 casserole
- 1183 casserole
- 1571 casserole
- 376 cassis
- 840 cassis
- 32 cassonade
- 35 cave
- 385 caviar
- 641 cédrat
- 1034 cédrat
- 50 céleri
- 1492 céleri
- 51 céleri sauvage
- 447 cendre
- 246 cendres chaudes
- 448 cendrier
- 394 cèpe
- 396 céréale
- 403 cerf
- 1679 cerf
- 397 cerfeuil
- 398 cerise
- 428 cernier
- 1060 cervelle
- 406 cétacé
- 294 chaise
- 312 chaleur
- 415 champagne
- 468 champignon
- 333 chanterelle
- 419 chanterelle
- 420 chantilly
- 337 chapon
- 369 charbon
- 421 charcuterie
- 1494 charcutier
- 351 chardon
- 126 charrue
- 422 charrue
- 522 chasse
- 285 chasseur
- 377 chataîgne
- 379 château
- 1359 chaud
- 124 chauffé
- 475 chaume
- 911 cheminée
- 368 chêne
- 163 chêne vert
- 1537 chêne-liège
- 277 cheveux d'ange (pâtisserie)
- 279 chèvre
- 281 chevreau
- 282 chevreau rôti
- 982 chèvrefeuille
- 283 chevreuil
- 78 chicorée
- 429 chicorée
- 1276 chili

[107]

FRANCÊS (Français)

347 chinchard
384 chinchard
1735 chiste
434 chocolat
650 choisir
329 chope
523 chou
1413 chou blanc
526 chou cavalier
524 chou de bruxelles
1414 chou de milan
525 chou fleur
1412 chou pommé
526 chou vert en arbre
441 choucroute
389 ciboulette
443 cidre
382 cigale de mer
423 cigare
445 cigarette
395 cire
1604 ciseau
946 citron
449 citronelle
9 citrouille
109 civelle
1027 civelle
453 clair
452 clarifier
574 clarifier
454 clémentine
125 climatisation
539 clou-de-girofle
88 clovisse jaune
168 cochon de lait
921 cochon de lait
501 cocktail
502 coeur
1180 coeur de palmier
1011 coing
1259 colinet
505 colorant
478 comestible
426 complet
1063 composée
481 compote
18 compotée d'oignons
482 compotier
483 concentré
1242 concombre
599 confiserie
758 confits
488 congelé
489 congre
1462 congre
27 conseiller
492 conservant
491 conserve
843 conserver
494 consommé
496 contrefilet
497 conventuel
780 coq
777 coq de bruyère
209 coque
1196 coquelicot
1699 coquille saint-jacques
504 corail
467 coriandre
508 coriandre
509 corinthe
1668 corinthe
513 corneille
1243 cornichons
703 cornilles
516 côte (anatomie)
515 côte (géographie)
517 côtelette
1260 cou
314 couche
1622 couennes grillées
1570 coupe
511 coupé
9 courge
10 courgette
510 couronne
560 couscous
684 couteau
1118 couteau (fruit de mer)
954 couteau droit (fruit de mer)
1580 couvercle
1573 couvert
457 couverture
459 couvrir
345 crabe
346 crabe bleu
1505 crapaud
1238 crapaud de mer
1732 crapaud de mer
540 crème
1113 crème
1607 crème aux œufs
541 crème brûlée
933 crème brûlée
1337 crème caramel
544 crêpe
39 cresson
316 crevette
318 crevette (taille moyenne)
322 crevette géante tigrée
320 crevette grise
321 crevette rose
340 crevette rouge
547 cristallisé
549 crocodile
548 croquant
1064 croque-monsieur
550 croquette
675 croustillant
372 croûte
462 croûte
1366 croûte dorée
551 croûtons
552 cru
219 cruche
553 crustacés
469 cueillette
470 cuillère
471 cuillère à café
473 cuillère à dessert
474 cuillère à soupe
472 cuillère à thé
531 cuire
535 cuire
533 cuisine
536 cuisinier
529 cuisse
530 cuisse de grenouille
458 cuivre
60 culotte de boeuf
480 cumin
1176 cure-dent
559 curry
746 curry de poulet
783 daim
1316 darne
1576 datte
562 datte de mer
817 dauphin
13 déboucher
586 déboucher
577 décaféiné
563 décanter
578 décharné
580 décongelé
564 décoré

[108]

FRANCÊS (Français)

628 décoré
565 décorer
1423 découper
586 découvrir
568 dégustation
79 déjeuner
584 délavé
569 délicatesse
84 demain
573 denté
292 denté aux gros yeux
1654 dernier
1538 dessert
156 devenir aigre
590 diète
591 digérer
592 digestion
594 diluer
603 dimanche
1255 dinde
878 dîner
597 dissoudre
587 distillerie
1408 distribuer
850 domaine
1333 domaine
605 dorade
819 dorade rose
606 doré
978 doucette
600 doux
979 doux
608 douzaine
607 dur
1430 dur
42 eau
44 eau du robinet
45 eau gazeuse
46 eau minérale
43 eau pétillante
47 eau plate
48 eau tonique
713 ebouillanté
609 ebullition
413 échalotte
610 échalotte
785 échassier
371 ecorce
653 ecrasé
1298 ecrevisse
991 écuelle
1606 écuelle

36 edulcorant
611 effervescent
583 effilé
583 effiloché
651 egoutté
1307 elédone
545 elevage
546 elevé
1406 élever
26 emballer
286 emissole
622 emulsion
55 en pâte à frire
693 en tranches
1610 encre
625 endive
1657 enduire
1658 enduit
629 engraisser
613 enivré
1441 enroulé
868 entier
767 entonnoir
635 entrée
1728 envie
662 epais
841 epais
1170 epaule
799 epervier
660 epices
666 épinard
657 epinards cuits et hâchés
665 epis de mais
579 épluché
638 epoque
648 escalope
698 escalope
649 escargot
341 escargot de mer
342 escargot de vigne
654 espadon
1334 essai
673 essence
676 estomac
261 estomac des animaux
678 estragon
680 esturgeon
1686 eté
3 etouffé
679 etouffé
1119 etrille (crabe)
682 excédent

1536 excédent
1155 excellent
671 expresso
683 extrait
1068 façon
694 facture
865 fade
735 faim
1398 faire suer
685 faisan
375 fait maison
1101 fané
1389 farce
1387 farci
687 farine
627 fariné
1733 farine de maïs
700 fécule
765 fenouil
712 fer
1363 ferme
699 fermé
326 fermier
374 fermier
918 fermier
732 feu
733 feuille
734 feuilleté
695 fève
716 figue
717 filet
964 filet
720 filtre
456 filtrer
719 filtrer
723 fin
644 fines herbes
702 flageolet
726 flambé
53 flétan
76 flétan
1177 flétan d'áfrique
729 fleur
730 fleur de sel
728 flocon
715 foie
575 fondre
766 fondre
576 fondu
736 fondue
740 fort
1272 fort (piquant)

FRANCÊS (Français)

- 739 four
- 787 fourchette
- 738 fournée
- 748 frais
- 1090 fraise
- 742 framboise
- 1054 frappé
- 749 fricassée
- 418 fricassée de mou de veau, d'agneau
- 754 frit
- 756 friture
- 755 friture de poissons
- 751 froid
- 1348 fromage
- 1353 fromage blanc
- 1351 fromage de brebis
- 1350 fromage de chèvre
- 1354 fromage demi-sec
- 1355 fromage du type hollande
- 1356 fromage râpé
- 1349 fromage sec
- 1605 front
- 757 fruit
- 1004 fruit de la passion
- 758 fruits cristallisés
- 760 fruits de mer
- 566 fumé
- 761 fumée
- 567 fumoir
- 763 fumoir
- 771 galantine
- 221 galette
- 775 gallinacé
- 1012 gamelle
- 786 garçon (dans un restaurant)
- 585 garde-manger
- 843 garder
- 844 garni
- 25 garniture
- 845 garniture
- 797 gaspacho
- 798 gastronomie
- 237 gâteau
- 238 gâteau au miel
- 239 gâteau des rois
- 795 gaz
- 796 gazeux
- 769 geai
- 802 gélatine
- 801 gelé
- 803 gelée
- 364 genêt
- 1736 genièvre
- 1133 génisse
- 1186 génoise
- 885 genou
- 807 géranium
- 1070 gésier
- 284 gibier
- 1253 gigot
- 806 gingembre
- 1062 girolle
- 1550 glace (dessert)
- 804 glace (état de l'eau)
- 240 gland
- 814 glande
- 815 glycérine
- 278 gobie
- 789 gorge
- 1194 gosier
- 788 goulot
- 824 goût
- 1459 goût
- 905 goûter
- 1286 goutte
- 816 goyave
- 829 grain
- 830 grain de poivre
- 1521 graine
- 821 graisse
- 1657 graisser
- 822 graisseux
- 827 gramme
- 1730 grande castagnole
- 518 grande côtelette
- 90 grande palourde
- 828 grange
- 289 grappe
- 820 gras
- 834 gratiné
- 1463 graveleux
- 1444 grenade
- 1365 grenouille
- 442 grillade
- 835 grille
- 836 grillé
- 837 griller
- 811 griotte
- 438 griset
- 1619 grive
- 280 grondin
- 1452 grondin
- 1031 gros melon allongé vert ou jaune
- 1107 gros morceau
- 1212 gros pâté
- 1174 gros saucisson
- 1468 gros sel
- 839 groseille
- 1056 gruau d'avoine
- 1416 grueil
- 1696 guêpe
- 847 gustatif
- 1269 haché
- 1270 haché fin
- 1268 hachis de viande
- 618 hachis parmentier
- 127 hareng
- 704 haricot beurré
- 702 haricot blanc
- 705 haricot noir
- 707 haricot rouge
- 701 haricot sec
- 706 haricot vert
- 849 herbacé
- 643 herbes
- 785 héron
- 102 hirondelle
- 871 hiver
- 916 homard
- 1542 hoquet
- 851 horaire
- 21 hors-d'oeuvres
- 113 hors-d'oeuvres
- 119 hors-d'oeuvres
- 528 hors-d'oeuvres
- 290 hot-dog
- 291 hot-dog
- 972 houblon
- 162 houx
- 1142 huile
- 158 huile d'olive
- 774 huilier
- 1154 huître
- 1655 humide
- 862 igname
- 1310 grille (?)
- 859 incision
- 860 indigestion
- 861 infusion
- 410 infusion de tilleul
- 409 infusion de zeste de citron

FRANCÊS (Français)

- 863 insipide
- 865 insipide
- 864 insoluble
- 867 instantané
- 869 intestin
- 870 intoxication
- 498 invité
- 958 iris
- 1194 jabot
- 876 jabuticaba (fruit du Brésil)
- 161 jais
- 1252 jambe
- 714 jambon
- 1328 jambon
- 1329 jambon cru
- 880 jardin
- 881 jardinière de légumes
- 883 jasmin
- 805 jaune d'oeuf
- 1364 jeudi
- 1105 jeunes pousses de navet
- 226 joues
- 1555 jus
- 1556 jus de fruit
- 339 kaki
- 1362 kilo
- 889 kiwi
- 556 kumquat
- 888 kumquat
- 891 kumquat
- 895 lac
- 922 lait
- 923 lait condensé
- 928 lait écrémé
- 926 lait en poudre
- 929 lait entier
- 924 lait maigre
- 932 lait partiellement écrémé
- 1158 laitance
- 913 laiton
- 64 laitue
- 65 laitue romaine
- 901 lame
- 902 laminé
- 903 lampe à huile
- 904 lamproie
- 896 langouste
- 897 langouste royale
- 898 langoustine
- 952 langue
- 464 lapin
- 465 lapin de garenne
- 907 laqué
- 1628 lard
- 910 larder
- 968 laurier
- 669 laurier-rose
- 963 laurier-rose
- 915 lavabo
- 67 lavande
- 917 laver
- 900 lécher
- 731 léger
- 939 léger
- 943 léger
- 853 légume
- 920 légume
- 937 lent
- 1671 lent
- 588 lentement
- 936 lentille
- 710 levure
- 912 lichette
- 512 liège
- 848 lierre
- 62 lieu noir
- 1465 lieu noir
- 919 lièvre
- 938 limace
- 947 lime
- 886 lime kaffir
- 947 limette
- 948 limonade
- 956 lin
- 1015 lingue
- 941 liqueur
- 86 liqueur d'amandes
- 812 liqueur de griottes
- 957 liquide
- 959 lisse
- 934 lit (d'un cours d'eau)
- 962 litre
- 866 locaux
- 1578 lotte
- 484 louche
- 965 loutre
- 1516 lundi
- 1635 lupin
- 940 lychee
- 975 macaroni
- 976 macédoine
- 572 macéré
- 977 macérer
- 978 mâche
- 1019 mâcher
- 980 macrobiotique
- 984 magret de canard
- 1229 magret de canard
- 514 maigre
- 985 maigre
- 986 maigre (faible en calories)
- 1001 main
- 1053 mais
- 989 maître d'hôtel
- 1274 malaguète
- 993 malt
- 1581 mandarine
- 477 manger
- 997 mangue
- 996 manioc
- 1506 maquereau
- 383 maquereau espagnol
- 677 maquereau espagnol
- 1013 marbre
- 711 marbré
- 173 marc
- 172 marc (boisson)
- 167 marchand de morue
- 709 marché
- 1041 marché
- 966 marché à la criée
- 1599 mardi
- 1006 margarine
- 1008 marin
- 1007 mariné
- 999 marjolaine
- 1010 marmelade
- 380 marmite du pêcheur
- 1016 massepain
- 994 mauve
- 987 mayonnaise
- 1222 mèche
- 1021 medaillon
- 1026 méduse
- 1033 meilleur
- 1065 mélange
- 1029 mélasse
- 641 mélisse
- 1034 mélisse
- 1032 melon (charentais)
- 854 menthe
- 1038 menthe
- 855 menthe poivrée
- 1358 menton
- 350 menu
- 1039 menu

[111]

FRANCÊS (Français)

1040 menu de dégustation
1003 mer
1140 merci
1345 mercredi
1043 meringue
811 merise
169 merlan
1036 merle
1044 merluche
1258 merluche
792 mérou blanc
1045 mérou commun
1022 mesure
1048 métal
374 métayer
534 mets
856 mets
1051 microbe
1059 mie de pan
1028 miel
1052 miette
123 mijoté
1054 milk-shake
661 miroir
1025 moelle
1652 moelle
1198 moineau
1037 moins
1072 moisi
1073 moisi
1047 moitié
1089 mollusque
703 mongettes
1525 montagnarde
1523 montagnes
1406 monter
225 morceau
1225 morceau
1092 mordre
1094 morilles
80 mortier
1273 mortier
166 morue
14 mostelle
1076 mou
1096 mouche
1071 moudre
770 mouette
1050 moule
894 moulin
1075 moulin
1074 moulu

1104 mousse
1103 mousse (plante)
672 mousseux
1099 moût
1097 moutarde
1098 moutardier
360 mouton
1023 moyen
1572 mulet
983 mûr
99 mûre
98 mûre sauvage
1093 murène
1665 muscat
1102 myrte
1061 myrtille
183 nageoire
1613 nappe
1110 narcisse
1111 nard
115 nature
1115 nature (adj.)
1116 nature (subst.)
1117 nausée
1106 navet
1120 nectar
1121 nectarine
1125 nèfle
1124 nerf
1134 neuf
1112 nez
1126 nid
227 noces
370 noces
1137 noces
1128 nocif
1114 Noël
1127 noeud
1122 noir
1330 noir
150 noisette
1135 noix
378 noix de cajou
461 noix de coco
1136 noix de muscade
1108 non
1623 nougat
1131 noyer
1139 nuage
1132 nuit
427 odeur
1141 odeur

538 oeillet
1160 oeuf
1168 oeuf à la coque
1161 oeuf au plat
1165 oeuf au plat
1166 oeuf brouillé
1163 oeuf cru
1162 oeuf dur
1167 oeuf poché
499 office
784 oie
386 oignon
387 oignon hâché
1208 oiseau
1361 okra
1370 okra
159 olive
295 olive de mer
490 olive de mer
1641 omble chevalier
1145 omelette
1659 onctueux
1271 onglet de bœuf
1146 opaque
908 orange
909 orangeade
1150 orchidée
1148 oreille
407 orge
1147 origan
1144 orme
1653 orme
4 ormeau
1149 ormeau
49 orphie
1232 orphie
1661 ortie
1152 os
155 oseille
1700 osier
1151 ossetra
1153 ossobuco
1535 oui
1156 oursin
6 ouvert
7 ouverture
12 ouvrir
1172 paella
211 pageot
1199 pagre
336 paille
1184 pain

[112]

FRANCÊS (Français)

255 pain de maïs
1187 pain de maïs
1185 pain de seigle
1626 pain grillé
1366 pain perdu
1178 palmier
1179 palomète
87 palourde
832 pamplemousse
1618 pamplemousse
28 panade
619 pané
620 paner
404 panier
405 panier à pain
1190 panure
1221 paon
995 papaye
1192 papaye
1193 papillotte
476 paprika
1197 paprika
1201 Pâques
1251 parfumé
1203 passé
727 passé par les flames
456 passer
719 passer
1030 pastèque
430 pastèque ou melon du malabar
810 pastèque ou melon du malabar
200 patate douce
1217 pâté
1218 pâté de foie
276 paté de tête
1017 pâte feuilletée
906 patelle
1211 pâtisserie
487 pâtisserie (établissement)
1215 patte
1196 pavot
1173 payer
1525 paysanne
1240 peau
1343 peau de porc frite
1262 pèche
1256 pêche
1257 pêche sous-marine
826 pépin
1725 pepinière

1248 perche
1250 perdrix
1490 persil
1491 persil hâché
1263 pétale
1244 petit
893 petit jambon
1254 petit jambon
1014 petit merlu
1189 petit pain blanc
616 petit pâté
617 petit pâté au poulet
1335 petit pichet
645 petit pois
747 petit poulet
1292 petit tonneau
299 petit-déjeuner
790 petite bierre pression
260 petite cigale de mer
319 petite crevette
1564 petite meringue
1291 petite roussette
436 petite seiche
1734 petite tasse
912 petite tranche
235 petits biscuits
879 petits chinchards
1207 petits oiseaux
1278 petits poivrons verts
1319 peu
54 peuplier
439 peuplier
315 phisalis
725 phisalis
1267 phisalis
882 pichet
1223 pied
1224 pied de porc
1266 pied de porc
1067 pied de veau
1226 pierre
1310 pigeon
244 pigeonneau
1288 pignon
1290 pignon
1280 piment
1274 piment rouge
1285 pimpernelle
1289 pin
1597 pinson
1295 pistache
1296 pitaya

1321 plage
1568 planche
1299 plante
1633 plat
696 plat de fèves
1323 plat du jour
180 plateau
809 plâtre
426 plein
944 plie
1540 plie
988 plus
1584 pluvier
1301 poché
750 poêle à frire
1261 poids
1246 poire
1247 poire au vin
74 poireau
75 poireau
19 poirée
831 pois chiche
1230 poisson
1231 poisson au four
1277 poivre
122 poivré
1275 poivre blanc
1279 poivre noir
1282 poivrier
1069 poivrier (moulin)
1283 poivron
1304 poli
973 pomme
192 pomme de terre
1405 pomme rainette
198 pommes allumettes
194 pommes de terre en robe des champs
195 pommes de terre rissolées
193 pommes de terre rôties écrasées
199 pommes de terre sautées
197 pommes frites
196 pommes vapeur
1315 porc
1392 porc
220 porc corpulent
1313 porcelaine
168 porcelet
921 porcelet
604 portion
1312 portion

[113]

FRANCÊS (Français)

1712 Porto	1399 rafraîchir	1417 réserve
1676 pot à fleur	632 ragoût	521 réserve de chasse
1318 potable	846 ragoût	1418 réserver (une table)
852 potager	633 ragoût d'anguilles	1419 résidu
1249 pouce-pied	132 raie	1420 résine
1300 poudre (en)	1663 raisin	1421 restaurant
338 poulailler	1664 raisin blanc	1422 reste
778 poulailler	1562 raisin de smyrne	1424 retirer
743 poularde	1667 raisin de smyrne	582 retirer les arrêtes
776 poule	1669 raisin noir	1426 retourner
745 poulet	1202 raisin sec	391 réveillon de Noël
1303 pouliot	1666 raisin sec	1425 révéler
1306 poulpe	1169 ramequin d'œuf à la	1453 rhum
1308 poulpe	portuguaise (sucré)	1429 rigide
228 poumon	1378 rance	1439 rillons
1338 poumon	1376 râpe	914 rince-doigts
823 pourboire	1375 râpé	1077 ris de veau
833 pourboire	1379 rapide	503 rissolé
206 pourpier	1684 rapide	1434 rissoles
1302 pourri	1380 rare	1427 rivière
259 pousse	334 rascasse	1432 rivière
773 poussin	1381 rascasse	134 riz
241 pralinés	1368 rave	138 riz assez liquide
1227 prendre	697 rayon de miel	135 riz au curry
1614 prendre	1401 rebus	139 riz au lait
1327 préparer	1386 récent	137 riz entier
670 presser	1385 recette	136 riz nature
1331 printemps	1675 récipient	1430 robuste
1324 prix	1391 réclamer	270 rocher épineux
1332 producteur	1393 recommander	331 rocher épineux
950 propre	1390 reçu	61 romarin
689 provisions pour la route	1395 réduction	1448 romarin
15 prune	1396 réduit	668 ronce
91 prune	133 refroidir	1533 ronce
92 pruneau sec	652 refroidir	1436 rondelle
1336 pudding	1394 refuser	1438 ronger
1305 pulpe	1297 régal	1451 roquette
1311 punch	590 régime	1447 rosbeef
1342 pur	1403 région	1716 rosé
1055 purée	1404 régulier	1445 rose (couleur)
1339 purée	1431 rein	1446 rose (fleur)
1340 purée de pommes de terre	1373 reine-claude	61 rosmarin
574 purifier	1415 remettre	1448 rosmarin
1341 purifier	1415 remplacer	1450 rossignol
1344 qualité	1388 remplir	145 rôti
818 quartier (d'orange)	1407 rénover	146 rôtir
381 queue	634 renverser	1690 rouge
1369 queue	1397 repas	1486 rouget
581 rabais	1410 répéter	1443 roulade de viande
1371 race	1411 replet	1441 roulé
1374 racine	1645 requin	417 roussi
1367 radis	1417 réservation	1138 royal

FRANCÊS (Français)

1454 rural
1455 rustique
1235 sabre d'argent (poisson)
17 safran
992 saignant
1206 saignant
1456 sain
181 saindoux
1464 saint-pierre
1236 saint-pierre (poisson)
638 saison
674 saison
1471 salade
1472 salade de fruits
1473 salade mêlée
1474 salade russe
1476 saladier
1477 salami
1480 salé
1560 sale; malpropre
1479 salière
1481 saline
1483 salive
1470 salle à manger
1469 salle de séjour
1478 salon de thé
1478 salon; grande salle
1482 salpêtre
1457 samedi
214 sandwich de porc frit
1500 sandwivch
1501 sang
884 sanglier
1542 sanglot
1498 santal
1504 sapide
8 sapin
1510 sar commun
1507 sardine
1509 sargasse
1511 sarment
1517 sarriette
1079 sauce
1087 sauce à l'estragon
466 sauce à la coriandre
1080 sauce américaine
1081 sauce andalouse
1082 sauce béarnaise
218 sauce bigarade
    (sauce à l'orange)
1086 sauce blanche
1084 sauce bordelaise

249 sauce bourguignonne
1085 sauce bourguignonne
460 sauce cocktail
589 sauce diable
721 sauce financière
1088 sauce hollandaise
1294 sauce piquante
1078 saucière
1493 saucisse
955 saucisse au piment
72 saucisse de volaille
614 saucisses et saucissons
440 saucisson
1488 saucisson à l'ail
1496 sauge
1484 saumon
1485 saumon fumé
1489 saupoudrer
1495 sauté
253 sauvage
1520 sauvage
824 saveur
1459 saveur
1458 savon
825 savoureux
1460 savoureux
1524 sciure
176 seau
637 sec
1514 sec
557 sec (saucisson, fromage)
433 seiche
393 seigle
1466 sel
1467 sel fin
1265 selan
1519 selectionné
1518 selle
1522 séparer
1527 service
842 serviette
1528 servir
808 sésame
1530 sevruga
1532 shiitake
1534 silvestre
307 sirop de sucre
1515 soif
1539 soja
953 sole
160 sole perdrix
373 sole velue

1541 solide
1543 soluble
1549 sorbet
688 sorte d'andouille
708 sorte de cassoulet
646 sorte de vinaigrette
1293 soucoupe
1558 soufflé
1544 soupe
1545 soupe à l'oignon
310 soupe aux choux
437 soupe de morue
1547 soupe de poisson
390 soûper
1548 soupière
1603 soupière
737 source
655 spaghetti
658 spécialité
659 spécialité régionale
215 steak
216 steak garni d'un oeuf au plat
222 steak garni d'un oeuf au plat
217 steak tartare
1552 steak tartare
103 sterne
1554 suave; délicat
31 sucre
33 sucré
600 sucré
601 sucrerie aux oeufs
602 sucrerie; desserts
34 sucrier
1553 sué
1557 suffisant
1559 suggérer
1513 suif
1561 sulfate
1563 supplément
1228 suprême
887 surimi
20 surlonge
445 tabac
1566 tabac; cigarette
1046 table
152 tablier
686 tacaud
1129 tache
1577 tamarin
1241 tamis
1594 tanche
1583 tapioca

[115]

FRANCÊS (Français)

1585 tardif; d'arrière saison	1326 tranche boeuf en sandwich	311 verre à liqueur
1347 tartelette au fromage (sucré)	692 tranche de pain	435 verre de bière
1210 tartelettes aux haricots	873 tranches de foie	1714 verre de vin
424 tasse	636 travers de porc	1694 verser
1579 tastevin	1636 trèfle	1693 vertébré
1588 tastevin	1200 treille	1692 vertèbre
1629 taureau	572 trempé	444 verveine
1567 taverne	1638 tripe	949 verveine
1587 taverne	598 tripes de veau	969 verveine
1589 téléphoniste	571 trop	1695 vésicule
1593 temps	1651 trouble	356 viande
1595 tendre	1650 troubler; rendre trouble	357 viande fumée
1596 tentacule	1639 truffe	358 viande hâchée
1601 terrasse	1646 truffe	359 viande séchée
1600 terre	1640 truite	752 viandes froides
189 terre cuite	1643 truite arc-en-ciel	689 viatiquer
1602 terre cuite	1644 truite de lac; touladi	1678 vide
273 terrine de tête de porc	1642 truite saumonée	681 vider
272 tête	1647 tubercule	1683 vieux
274 tête d'agneau	1590 tuile	1705 vigne
275 tête de porc	1648 tulipe	1706 vin
408 thé	1325 turbot	1708 vin blanc
411 thé noir	1611 typique	451 vin clairet
412 thé vert	1660 urticaire	1709 vin clairet
264 théière	1670 vache	1713 vin de dessert
147 thon	174 vaisselle	1710 vin de la maison
1616 thym	967 vaisselle	1711 vin de table
1095 tiède	203 vanille	1715 vin doux de setubal
1598 tiède	1673 vapeur	1717 vin rouge
1575 tige; trognon	1674 varié	1701 vinaigre
1609 tilleul	1675 vase	1702 vinaigrette
1461 tire-bouchon	1676 vase	1718 vinho verde
1612 tisane	1723 veau	1449 visage
1621 toast	1680 végétal	1719 viscère
1615 tomate	1681 végétarien	1720 visqueux
186 tonneau	151 velouté	1724 viticulture
1582 tonnelier	1703 vendange	1726 vivant
1617 tonnelier	1704 vendangeur	1233 vives
1634 torpille	1531 vendredi	1725 vivier
1625 tortilla	1685 ventre	1682 voile
1586 tortue	1689 ver	1727 vol-au-vent
1649 tournedos	1058 ver de terre	148 volaille
1620 tourner; façonner au tour	1687 verdier	1728 volonté
813 tournesol	1688 verdure	1729 vorace
1212 tourte	1309 verger	1360 vouloir
1503 tourteau	63 vermicelles	1721 vue
1440 tourterelle	724 vermicelles d'oeufs et de sucre	872 yaourt
1624 tourtes		163 yeuse
1630 toxique	1691 vernis	1143 yeux
1631 traditionnel	343 vernissé	872 yoghurt
691 tranche	500 verre	1737 zinc
698 tranche	1698 verre	

Alemão

German
Allemand
Deutsch
Alemán

ALEMÃO (Deutsch)

- 633 Aaleintopf
- 1407 abändern
- 1132 Abend
- 878 Abendessen
- 1401 Abfall
- 1419 Abfall
- 123 abgeschmeckt
- 651 abgetropft
- 133 (ab)kühlen
- 652 (ab)kühlen
- 1394 ablehnen
- 1438 (ab)nagen
- 16 Absinth
- 1674 abwechslungsreich
- 37 Agar-Agar (Geliermittel das aus Algen)
- 1237 Ährenfisch
- 243 à la bordelaise
- 380 Algarve Kupferpfanne
- 68 Alge
- 1512 Alse
- 114 alt
- 1683 alt
- 1080 amerikanische Sauce
- 107 Amphore
- 1036 Amsel
- 2 Ananas
- 100 Ananas
- 1081 andalusische Sauce
- 105 Anemone
- 417 angebrannt
- 1553 angeschwitzt
- 111 Anis
- 642 Anis
- 499 Anrichte
- 973 Apfel
- 443 Apfelwein
- 120 Appetit
- 1264 Appetithäppchen
- 11 Aprikose
- 83 Aprikose
- 561 Aprikose
- 1366 Armer ritter
- 128 Aroma
- 130 aromatisch
- 1068 Art
- 56 Artischocke
- 447 Asche
- 448 Aschenbecher
- 144 Aspik
- 1377 Ast
- 210 Aubergine
- 881 auf Gärtnerinnenart
- 843 aufbewahren
- 586 aufdecken
- 1425 aufdecken
- 1441 aufgerollt
- 580 aufgetaut
- 124 (auf)gewärmt
- 861 Aufguss
- 609 Aufkochen
- 618 Auflauf
- 594 auflösen
- 597 auflösen
- 1407 aufpeppen (rezept)
- 611 aufwallend
- 1143 Auge
- 1694 (aus-, ein-)gießen
- 1519 ausgewählt
- 902 ausgewalzt
- 1155 ausgezeichnet
- 681 (aus)leeren
- 681 ausnehmen
- 670 auspressen
- 143 Aussehen
- 1154 Auster
- 1 Avocado
- 226 Backen
- 1171 Bäcker
- 739 Backofen
- 1043 Baiser
- 1564 Baiser
- 177 Balsamkraut
- 178 Bambus
- 179 Banane
- 184 Barbe
- 1248 Barsch
- 190 Basilikum
- 998 Basilikum
- 160 Bastardzunge
- 1685 Bauch
- 40 Bauer
- 326 Bauer
- 555 Bauer
- 918 Bauer
- 1363 Bauernho
- 1024 Baumerdbeere
- 1083 Béchamelsauce
- 1570 Becher
- 459 bedecken
- 217 Beef tartar
- 1552 Beef tartar
- 171 Beere
- 1402 begossen
- 140 Beifuß
- 25 Beilage
- 1563 Beilage
- 1252 Bein
- 1092 beißen
- 1109 Bekassine
- 207 Beluga-kaviar
- 627 bemehlt
- 1525 berg…
- 283 Bergziege
- 1247 beschwipste Birne
- 1033 besser
- 1573 Besteck
- 613 betrunken
- 1173 bezahlen
- 446 Bezeichnung für Espresso in Porto
- 5 Biene
- 121 Bienenzucht
- 399 Bier
- 400 Bierfass
- 402 Bierlokal
- 218 Bigarade Sauce (Orangensauce)
- 942 binden
- 1656 binden
- 1246 Birne
- 220 Bisaro (große Schwein)
- 221 Biscuit
- 1186 Biskuitkuchen
- 1225 Bisschen
- 85 bitter
- 94 Bittermandel
- 1695 Bläschen
- 733 Blatt
- 901 Blätter
- 734 blätterteig
- 1017 blätterteig
- 1727 blätterteig-Pastete
- 346 Blaukrabbe
- 334 Blaumaul
- 1709 Bleicher
- 451 Bleichert
- 1721 Blick
- 729 Blume
- 525 Blumenkohl
- 1676 Blumentopf
- 1501 Blut
- 1263 Blütenblatt
- 1091 Blutwurst
- 701 Bohne
- 1210 Bohnen Pasteten

ALEMÃO (Deutsch)

696 Bohneneintopf
708 Bohnengericht
1517 Bohnenkraut
242 Bonito
245 Borretsch
1730 Brachsenmakrele
146 braten
756 Braten
752 Bratenaufschnitt
195 Bratkartoffeln
199 Bratkartoffeln
750 Bratpfanne
402 Brauerei
503 Braun gebraten
1055 Brei
587 Brennerei
935 Brennholz
1661 Brennnessel
1568 Brett
257 Brokkoli
99 Brombeere
668 Brombeerstrauch
1533 Brombeerstrauch
258 Bronze
1184 Brot
349 Brötchen
1189 Brötchen
1195 Brötchen
405 Brotkorb
1052 Brotkrume
692 Brotscheibe
28 Brotsuppe
309 Brühe
39 Brunnenkresse
1228 Brust
1597 Buchfink
262 Büffel
263 Büffet
129 Bukett
265 Bukett
379 Burg
1020 Busch
1000 Butter
704 Butterbohne
327 Canapees
415 Champagner
468 Champignon
1276 Chili
449 Citronelle
454 Clementine
501 Cocktail
460 Cocktailsauce

560 Couscous
540 Creme (suppe)
1169 Creme aus Eigelb und Zucker
541 Crème brulée
933 Crème brulée
544 Crepe
551 Croutons
559 Curry
135 Curryreis
783 Damhirsch
1673 Dampf
1140 Danke
869 Darm
562 Dattel
1576 Dattel
1580 Deckel
1235 Degenfisch
1040 Degustationsmenü
563 dekantieren
565 dekorieren
817 Delfin
569 Delikatesse
473 Dessertlöffel
590 Diät
820 dick
841 dick
662 dickflüssig
455 Dickmilch
1599 Dienstag
106 Dill
593 Dill
626 Dill
1222 Docht
1364 Donnerstag
1296 Drachenfrucht
1381 Drachenkopf
1620 drehen
295 Dreiecksmuschel
490 Dreiecksmuschel
1619 Drossel
814 Drüse
401 Dunkler bier
723 dünn
208 durchgebraten
456 durchpassieren
719 durchpassieren
1023 durchschnittlich
1515 Durst
608 Dutzend
978 echte Nelkenwurz
848 Efeu
1160 Ei

368 Eiche
240 Eichel
724 Eierfäden
601 Eiersüßspeise
805 Eigelb
176 Eimer
1179 Einfarb-pelamide
1657 einfetten
13 (eine Flasche) öffnen
488 eingefroren
1441 eingerollt
1719 Eingeweide
866 Einrichtungen
1489 (ein)salzen
942 einschalten
1656 einschalten
859 Einschnitt
632 Eintopf
846 Eintopf
977 einweichen
804 Eis
712 Eisen
801 eiskalt
450 Eiweiß
27 empfehlen
1393 empfehlen
1559 empfehlen
622 Emulsion
625 Endivie
277 Engelshaar
108 Engelswurz
1219 Ente
984 Entenbrust
1229 Entenbrust
1424 entfernen
578 entfleischt
582 entgräten
1425 enthüllen
577 entkoffeiniert
928 entrahmte Milch
636 Entrecote
645 Erbse
1024 Erdbeerbaumschnaps
1090 Erdbeere
96 Erdnuss
1399 erfrischen
1400 Erfrischungsgetränk
1407 erneuern
469 Ernte
267 Esel
671 Espresso
213 Espresso (in Lissabon)

ALEMÃO (Deutsch)

- 791 Espresso mit Milch
- 478 essbar
- 477 essen
- 673 Essenz
- 1701 Essig
- 774 Essig und Ölgestell
- 678 Estragon
- 1087 Estragonsauce
- 513 Eule
- 683 Extrakt
- 863 fade
- 865 fade
- 505 Farbstoff
- 685 Fasan
- 185 Fass
- 186 Fass
- 187 Fassbier
- 1292 Fässchen
- 716 Feige
- 430 Feigenblattkürbis
- 810 Feigenblattkürbis
- 1270 fein gehackt
- 1467 feines Salz
- 325 Feld
- 1249 Felsen-entenmuschel
- 765 Fenchel
- 168 Ferkel
- 921 Ferkel
- 1541 fest
- 820 fett
- 821 Fett
- 1658 fett
- 986 fettarm
- 822 fettig
- 1659 fettig
- 1655 feucht
- 732 Feuer
- 874 Feuerzeug
- 717 Filet
- 1326 Filet Mignon Sandwich
- 720 Filter
- 300 Filterkaffee
- 914 Fingerschale
- 1230 Fisch
- 308 Fischeintopf
- 1256 Fischerei
- 1256 Fischfang
- 1547 Fischsuppe
- 1725 Fischteich
- 966 Fischversteigerung
- 726 flambiert
- 793 Flasche
- 788 Flaschenhals
- 271 Flaschenkürbis
- 1129 Fleck
- 356 Fleisch
- 232 Fleisch im Brotteig
- 1574 Fleischer
- 730 Fleur de sel
- 1096 Fliege
- 164 Fliese
- 728 Flocke
- 183 Flosse
- 141 Flügel
- 1427 Fluss
- 1432 Fluss
- 630 Flussaal
- 934 Flussbett
- 970 Flusshecht
- 957 Flüssig
- 1298 Flusskrebs
- 736 Fondue
- 1640 Forelle
- 686 Franzosendorsch
- 1531 Freitag
- 1601 Freiterrasse
- 81 Frikadelle
- 749 Frikassee
- 748 frisch
- 1386 frisch
- 1353 Frischkäse
- 1434 fritierte, gefüllte Teigtaschen
- 1365 Frosch
- 1238 Froschfisch
- 1732 Froschfisch
- 530 Froschschenkel
- 1305 Fruchtfleisch
- 1556 Fruchtsaft
- 1331 Frühling
- 299 Frühstück
- 1388 füllen
- 1389 Füllung
- 318 Furchengarnele
- 1215 Fuß
- 1223 Fuß
- 787 Gabel
- 14 Gabeldorsch
- 771 Galantine
- 784 Gans
- 868 ganz
- 1411 ganz voll
- 316 Garnele
- 844 garniert
- 845 Garnitur
- 880 Garten
- 59 Gartenkümmel
- 890 Gartenkümmel
- 797 Gaspacho
- 498 Gast
- 798 Gastronomie
- 1231 gebackener Fisch
- 1523 Gebirge
- 1525 gebirgs…
- 189 gebrannter Ton
- 145 gebraten
- 754 gebraten
- 1622 gebratene Schwarte
- 1439 gebratene Schweinefleischwürfel
- 753 gebratener Fisch (gemischt)
- 282 gebratenes Zicklein
- 418 gebratenes Ziegenfleisch
- 1607 Gebräunter eierpudding
- 3 gedämpft
- 1675 Gefäß
- 727 geflämmt
- 1066 Geflügelklein
- 1070 Geflügelmagen
- 1729 gefrässig
- 1387 gefüllt
- 836 gegrillt
- 1269 gehackt
- 1491 gehackte Petersilie
- 387 gehackte Zwiebel
- 521 Gehege
- 982 Geissblatt
- 1510 Geißbrasse
- 532 gekocht
- 714 gekochter Schinken
- 1328 gekochter Schinken
- 802 Gelatine
- 229 Gelbstriemen
- 595 Geld
- 803 Gelee
- 1074 gemahlen
- 1300 gemahlen
- 906 gemeine Napfschnecke
- 1462 gemeiner Meeraal
- 1473 gemischer Salat
- 1063 gemischt
- 1064 gemischte Sandwich (mit Käse und Schinken)
- 853 Gemüse
- 920 Gemüse
- 1688 Gemüse
- 852 Gemüsegarten

[124]

ALEMÃO (Deutsch)

1557 genug
   6 geöffnet
 557 gepökelt
 807 Geranie
 566 Geräuchert
 440 geräucherte Paprikawurst
 357 geräuchertes Fleisch
 534 gericht
1322 Gericht
1375 gerieben
 407 Gerste
 427 Geruch
1141 Geruch
1480 gesalzen
 579 geschält
 174 Geschirr
 967 Geschirr
1722 Geschlagen
 193 geschlagen Kartoffeln
 699 geschlossen
 824 Geschmack
1459 Geschmack
 576 geschmolzen
1398 geschmoren
 511 geschnitten
1449 Gesicht
1382 gestrichen (maß)
1456 gesund
  33 gesüßt
 205 Getränk
 396 Getreide
 572 gewässert
1261 Gewicht
 486 Gewürz
1592 Gewürz
 660 Gewürze
1243 Gewürzgurke
 644 Gewürzkräuter
 539 Gewürznelke
 131 gewürzt
 485 gewürzt
1591 gewürzt
1729 gierig
1630 giftig
 364 Ginster
 809 Gips
 500 Glas
1698 Glas
1714 Glas Wein
 109 Glasaale
1027 Glasaale
 343 glasiert

 959 glatt
1304 glatt
1382 glatt
1437 Glattbutt
 246 Glut
 815 Glyzerin
 605 Goldbrasse
 606 golden
 827 Gramm
1444 Granatapfel
 832 Grapefruit
1618 Grapefruit
 667 Gräte
1452 Grauer knurrhahn
 835 Grill
 837 grillen
1468 grobes Salz
 292 Großäugige Zahnbrasse
1212 große Pastete
 268 große Wellhornschnecke
 382 Grosser Bärenkrebs
 518 großes Kotelett
 278 Grundel (Fisch)
 706 grüne Bohne
1239 grüne Bohnen im Backteig
       ausgebacken
 412 grüner Tee
1718 grüner Wein
1687 Grünfink
 526 Grünkohl
1062 Grünling (Pilz)
 816 Guave
1242 Gurke
1363 Gut
 358 Hackfleisch
1268 Hackfleisch
 149 Hafer
1056 Haferbrei
 769 Häher
 780 Hahn
 745 Hähnchen
1645 Hai
1354 halbfester Käse
 931 Halbfettmilch
 932 Halbfettmilch
1047 Hälfte
 789 Hals
1260 Hals
 360 Hammel
1253 Hammelkeule
1001 Hand
 607 hart

1429 hart
1430 hart
1162 hartgekochtes Ei
1349 Hartkäse
1420 Harz
 919 Hase
 150 Haselnuss
 375 hausgemacht
 464 Hauskaninchen
1710 Hauswein
1240 Haut
 710 Hefe
 239 Hefekuchen zur
       Weihnachtszeit
1662 Heidekraut
1061 Heidelbeere
  53 Heilbutt
  76 Heilbutt
1359 heiß
 453 hell
  22 herb
1157 Herbst
 127 Hering
 270 Herkuleskeule
 331 Herkuleskeule
1332 Hersteller
 502 Herz
 209 Herzmuschel
 742 Himbeere
 305 hinterwäldler
1060 Hirn
 403 Hirsch
1679 Hirsch
1214 Hirt
 312 Hitze
 227 Hochzeit
 370 Hochzeit
1137 Hochzeit
1355 Holländerkäse
 981 Holz
 251 Holzkohlenglut
1028 Honig
 238 Honigkuchen
 697 Honigwabe
 972 Hopfen
  49 Hornhecht
1232 Hornhecht
 291 Hot dog
 776 Huhn
 743 Hühnchen
 746 Hühnercurry
 338 Hühnerstall

[125]

ALEMÃO (Deutsch)

778 Hühnerstall
332 Hühnersuppe
775 Hühnervogel
72 Huhnwurst
916 Hummer
373 Hundshai
735 Hunger
868 im Ganzen
55 in Ei gewälzt
693 in Scheiben geschnitten
154 in Wein getränkt
806 Ingwer
1066 Innereien
867 instant
1535 Ja
876 Jaboticaba (Frucht aus Brasilien)
284 Jagd
522 Jagdrevier
285 Jäger
674 Jahreszeit
1699 Jakobsmuscheln
883 Jasmin
872 Joghurt
839 Johannisbeere
66 Johannisbrot
747 junges Hähnchen
1133 Jungstier
165 Kabeljau
296 Kaffee
297 Kaffee
297 Kaffeehaus
304 Kaffeekanne
471 Kaffeelöffel
886 Kaffir-limette
877 Kaiman
857 Kaiserbarsch
898 Kaisergranat
288 Kakao
293 Kaktus
1723 Kalb (fleisch)
1077 Kalbsbries
1067 Kalbsfuß
971 Kalmar
1317 Kalmar
313 Kalorie
751 kalt
324 Kamille
911 Kamin
20 Kammstück
547 kandiert
758 kandierte Früchte

1032 Kantalupe-melone
335 Kantine
337 Kapaun
58 Kaper
344 Karamel
1337 Karamelpudding
351 Karde
348 Karkasse
355 Karneval
392 Karotte
362 Karpfen
192 Kartoffel
194 Kartoffel mit Schale
1340 Kartoffelbrei
306 Kaschu
378 Kaschunuss
1348 Käse
1347 Käseküchlein
287 Kasserolle
377 Kastanie
286 Katzenhai
1019 kauen
385 Kaviar
789 Kehle
1194 Kehle
1521 Keim
1123 Kein
1123 Keine
221 Keks
311 Kelchglas
484 Kelle
546 Kellner
786 Kellner
397 Kerbel
826 Kern
1682 Kerze
339 Khakifrucht
831 Kichererbse
1362 Kilo
1358 Kinn
398 Kirsche
812 Kirschlikör
889 Kiwi
453 klar
452 klären
574 klären
1341 klären
1636 Klee
175 klein
1244 klein
990 kleine rote Chilis
1274 kleine rote Chilis

1265 kleine Sardine
1118 kleine Schwertmuschel
1278 kleine, unreife Paprikaschoten
260 kleiner Bärenkrebs
298 kleiner Espresso
1335 kleiner Krug
1014 kleiner Seehecht
879 Kleiner stöker
436 Kleiner tintenfisch
435 kleines Fassbier
790 kleines Fassbier
1291 Kleingefleckter katzenhai
125 Klimaanlage
901 Klinge
497 klösterlich
1587 Kneipe
885 Knie
73 Knoblauch
71 Knoblauchsoße
1152 Knochen
1647 Knolle
1127 Knoten
548 knusprig
1343 knusprig gegrillte Schwarte
536 Koch
531 kochen
535 kochen
1012 Kochgeschirr
554 Kochkunst
1183 Kochtopf
302 Koffein
301 Koffeinfreier Kaffee
523 Kohl
369 Kohle
795 Kohlensäure
796 kohlensäurehaltig
43 kohlensäurehaltiges Wasser
45 kohlensäurehaltiges Wasser
310 Kohlsuppe
461 Kokosnuss
481 Kompott
482 Kompottschüssel
923 Kondensmilch
487 Konditorei
363 Königskarpfen
239 Königskuchen
897 Königslanguste
491 Konserve
492 Konservierungsmittel
483 konzentriert
272 Kopf
64 Kopfsalat

[126]

ALEMÃO (Deutsch)

504 Koralle
404 Korb
689 Korb
794 Korbflasche
467 Koriander
508 Koriander
466 Koriandersauce
509 Korinthe
512 Kork
1442 Kork
1537 Korkeiche
1461 Korkenzieher
829 Korn
1138 köstlich
517 Kotelett
345 Krabbe
494 Kraftbrühe
740 kräftig
323 Kräheenbeere
1306 Krake
718 Krapfen
643 Kräuter
849 kräuter …
1612 Kräutertee
553 Krebstier
39 Kresse
89 Kreuzmuster-teppichmuschel
547 kristallisiert
550 Krokette
549 Krokodil
510 Krone
1505 Kröte
219 Krug
329 Krug
882 Krug
372 Kruste
462 Kruste
533 Küche
237 Kuchen
235 Küchlein
280 Kuckucks
1582 Küfer
1617 Küfer
1670 Kuh
748 kühl
480 Kümmel
556 Kumquat
888 Kumquat
891 Kumquat
458 Kupfer
9 Kürbis
515 Küste

1638 Kuttel
598 Kutteln
1484 Lachs
1642 Lachsforelle
1691 Lack
907 lackiert
110 Lamm
247 Lamm
507 Lamm
365 Lammkarree
274 Lammkopf
366 Lammzunge (Fisch)
325 Land
1600 Land
850 Landgut
1333 Landgut
1454 ländlich
1455 ländlich
1308 Langarmkrake
588 langsam
937 langsam
1671 langsam
896 Languste
75 Lauch
452 läutern
574 läutern
1341 läutern
1095 lauwarm
1598 lauwarm
67 Lavendel
1726 lebend
715 Leber
1218 Leberpastete
873 Leberscheiben
900 lecken
856 Leckerbissen
1297 Leckerbissen
1678 leer
175 leicht
731 leicht
939 leicht
943 leicht
138 leicht flüssiger Reis
956 Leinen
175 leise
44 Leitungswasser
964 Lende
1518 Lende
1015 Lengfisch
519 Lerche
1654 letzte
941 Likör

958 Lilie
948 Limonade
947 Limone
1609 Linde
410 Lindenblütentee
936 Linse
962 Liter
940 Litschi
470 Löffel
968 Lorbeer
1220 Lorbeerholz
1543 löslich
689 Lunchpaket
228 Lunge
1338 Lunge
1635 Lupinenkern
1728 Lust
676 Magen
860 Magenverstimmung
985 mager
924 Magermilch
1071 mahlen
1397 Mahlzeit
1512 Maifisch
1053 Mais
1057 Maisbrei
1733 Maisbrei
255 Maisbrot
1187 Maisbrot
665 Maiskolben
987 Majonäse
999 Majoran
975 Makkaroni
383 Makrele
1506 Makrele
980 makrobiotisch
994 Malve
993 Malz
1581 Mandarine
93 Mandel
86 Mandellikör
997 Mango
19 Mangold
996 Maniok
1004 Maracuja
1006 Margerine
646 Marinade
1007 mariniert
1439 marinierte
418 mariniertes
1025 Mark
1652 Mark

[127]

ALEMÃO (Deutsch)

1041 Markt	392 Möhre	757 Obst
709 Markt (platz)	1516 Montag	1309 Obstgarten
1010 Marmelade	1406 montieren (sauce)	976 Obstsalat
1013 Marmor	1103 Moos	1472 Obstsalat
711 Marmorbrasse	1094 Morcheln	230 Ochse
377 Marone	84 morgen	1370 Ochsenschwanz
1016 Marzipan	80 Mörser	12 öffnen
1022 Maß	1273 Mörser	7 Öffnung (szeit)
98 Maulbeere	1099 Most	851 Öffnungszeit
1021 Medaillon	1104 Mousse	115 ohne alles
116 medium	770 Möwe	1148 Ohr
1003 Meer	1075 Mühle	1361 Okraschote
489 Meeraal	224 Mund	1142 Öl
1572 Meeräsche	1093 Muräne	669 Oleander
1486 Meerbarbe	223 Muscheln	963 Oleander
819 Meerbrasse	1665 Muskatellertraube	159 Olive
760 Meeresfrüchte	1715 Muskatellerwein	158 Olivenöl
542 Meeresfrüchte Krem	1136 Muskatnuss	894 Ölmühle
1546 Meeresfrüchtesuppe	1102 Myrte	1145 Omelette
341 Meerschnecke	1132 Nacht	908 Orange
687 Mehl	390 Nachtessen	909 Orangeade
988 mehr	1450 Nachtigall	1150 Orchidee
1029 Melasse	1538 Nachtisch	1147 Oregano
1031 Melone	903 Nachtlicht	1151 Ossetra-kaviar
350 Menü	938 Nacktschnecke	1153 Ossobuco
1039 Menü	77 Nahrungsmittel	1201 Ostern
169 Merlan	991 Napf	965 Otter
684 Messer	1606 Napf	374 Pächter
913 Messing	1111 Nard	1172 Paella
1048 Metall	1110 Narzisse	1178 Palme
29 Metzgerei	1112 Nase	1180 Palmenmark
421 Metzgerei	115 natur	1180 Palmetto
87 Miesmuschel	1116 Natur	620 panieren
1050 Miesmuschel	1115 naturell	1190 Paniermehl
1051 Mikrobe	1115 natürlich	619 paniert
922 Milch	1108 Nein	261 Pansen
772 Milchkaffee im Glas	1120 Nektar	995 Papaya
926 Milchpulver	1121 Nektarine	1192 Papaya
139 Milchreis	538 Nelke	1193 Papier- oder Aluminiumhülle
1554 mild	1124 Nerv	1193 Papillotte
46 Mineralwasser	1660 Nesselsucht	54 Pappel
854 Minze	1126 Nest	439 Pappel
1038 Minze	1134 neu	476 Paprika
1065 Mischung	1386 neu	1197 Paprika
1125 Mispel	904 Neunauge	1251 parfümiert
52 mit Knoblauch	992 nicht durchgebraten	118 parieren
79 Mittagessen	864 nicht löslich	1203 Passiert
1023 mittel...	175 niedrig	1004 Passionsfrucht
1345 Mittwoch	1431 Niere	616 Pastete
1054 Mixgetränk	1623 Nugat	1217 Pastete
1360 mögen	1131 Nussbaum	617 Pastete mit Hühnerfleisch
1196 Mohn	989 Oberkellner	88 Pazifische Teppichmuschel

[128]

ALEMÃO (Deutsch)

161 Pechkohle
1233 Petermännchen
1236 Petersfisch
1464 Petersfisch
1490 Petersilie
1526 Pfanne
1214 Pfarrer
1221 Pfau
1277 Pfeffer
830 Pfefferkorn
855 Pfefferminze
1069 Pfeffermühle
1282 Pfefferstrauch
333 Pfifferling
419 Pfifferling
1262 Pfirsich
1299 Pflanze
1680 Pflanzlich
91 Pflaume
126 Pflug
422 Pflug
1215 Pfote
315 Physalis
725 Physalis
1267 Physalis
468 Pilz
1285 Pimpinelle
1289 Pinienbaum
1288 Pinienkern
1290 Pinienkern
826 Pip
1294 Piripiri
1295 Pistazie
1296 Pitahaya
1633 Platte
1301 pochiert
1167 pochiertes Ei
1303 Polei-minze
959 poliert
1304 poliert
197 Pommes frites
75 Porree
604 Portion
1312 Portion
206 Portulak
1712 Portwein
1313 Porzellan
241 Pralinen
1324 Preis
1425 preisgeben
960 Preisliste
1334 Probe

1336 Pudding
1404 pünktlich
1311 Punsch
1339 Püree
1344 Qualität
1026 Qualle
1416 Quark
737 Quelle
1011 Quitte
1390 Quittung
581 Rabatt
1367 Radieschen
567 Räncherei
1378 ranziger Geruch
1378 Ranzigkeit
1371 Rasse
761 Rauch
567 Räucherkammer
1485 Räucherlachs
1488 Räucherwurst
688 Räucherwurst mit Maismehl
1451 Rauke
1469 Raum
1250 Rebhuhn
495 Rechnung
694 Rechnung
1395 Reduktion
1396 reduziert
1404 regelmäßig
1643 Regenbogenforelle
1584 Regenpfeifer
1058 Regenwurm
1403 Region
659 regionale Spezialität
506 Reh
1376 Reibe
1356 Reibekäse
1138 reichhaltig
983 reif
785 Reiher
1342 rein
134 Reis
1391 reklamieren
1373 Reneklode
1405 Renette
1418 reservieren (Tisch)
1417 Reservierung
1401 Rest
1419 Rest
1422 Rest
1421 Restaurant
1368 Rettich

1385 Rezept
322 Riesen-tigergarnele
90 Riesenmuschel
250 rind
104 Ring
516 Rippe
1672 Rippenstück
496 Roastbeef
1447 Roastbeef
132 Rochen
1158 Rogen
393 Roggen
1185 Roggenbrot
552 roh
1329 roher Schinken
1163 rohes Ei
32 Rohzucker
65 Römersalat
1445 Rosa
321 rosa Geißelgarnele
1446 Rose
524 Rosenkohl
1716 Roséwein
1202 Rosine
1666 Rosine
61 Rosmarin
1448 Rosmarin
1690 Rot
211 Rotbrasse
707 rote Bohne
340 rote Riesengarnele
212 rote Rüben
1669 rote Traube
1717 Rotwein
1443 Roulade
1106 Rübe
1105 Rübekohl
838 Rübetriebe
1451 Rucola
1166 Rührei
1453 Rum
1474 russischer Salat
1199 Sackbrasse
17 Safran
1555 Saft
951 Sagegarnele
317 Sägegarnele
319 Sägegarnele
1524 Sägemehl
1113 Sahne
1641 Saibling
638 Saison

[129]

ALEMÃO (Deutsch)

1477 Salami
1471 Salat
1476 Salatschüssel
1496 Salbei
1481 Saline
1478 Salon
1482 Salpeter
1466 Salz
196 Salzkartoffeln
1479 Salzstreuer
1521 Samen
1497 Samosa (indische Teigtasche)
1457 Samstag
151 samtig
95 Samtmuschel
1498 Sandelholz
320 Sandgarnele
1500 Sandwich
101 Sardelle
1507 Sardine
950 sauber
695 Saubohne
1082 Sauce béarnaise
1084 Sauce bordelaise
1085 Sauce bourguinonne
721 Sauce financière
1088 Sauce hollandaise
1078 Sauciere
157 sauer
155 Sauerampfer
811 Sauerkirsche
441 Sauerkraut
156 säuern
23 säure
1495 sautiert
1128 schädlich
1159 Schaf
1351 Schafskäse
371 Schale
413 Schalotte
610 Schalotte
30 scharf
1272 scharf
122 scharf gewürzt
1294 scharfe Chilisauce
514 Schattenfisch
672 Schaumwein
691 Scheibe
1316 Scheibe
1436 Scheibe
954 Scheidenmuschel
529 Schenkel
1252 Schenkel
1604 Schere
828 Scheune
314 Schicht
1735 Schiefer
1586 Schildkröte
1072 schimmel
1073 Schimmel
420 Schlagsahne
15 Schlehe
1594 Schleie
1542 Schluckauf
825 schmackhaft
1460 schmackhaft
1463 schmackhaft
181 Schmalz
1658 schmalz
575 schmelzen
766 schmelzen
1560 schmutzig
649 Schnecke
1379 schnell
1684 schnell
779 Schnepfe
389 Schnittlauch
648 Schnitzel
698 Schnitzel
434 Schokolade
944 Scholle
1540 Scholle
738 Schub
1170 Schulterstück
152 Schürze
991 Schüssel
1606 Schüssel
102 Schwalbe
381 Schwanz
1369 Schwanz
60 Schwanzstueck
1122 schwarz
1330 schwarz
705 schwarze Bohne
376 schwarze Johannisbeere
840 schwarze Johannisbeere
1279 schwarzer Pfeffer
1045 schwarzer Seehecht
411 Schwarztee
1315 Schwein
1392 Schwein
1174 Schweinerollschinken
214 Schweineschnitzelbrötchen
1224 Schweinsfuß
1266 Schweinsfüßchen
1254 Schweinshaxe
275 Schweinskopf
273 Schweinskopf Pastete
276 Schweinskopf Pastete
1553 schweissig
38 schwenken
1049 schwenken
654 Schwertfisch
1119 Schwimmkrabbe
895 See
1435 Seebarsch
1644 Seeforelle
1044 Seehecht
1258 Seehecht
1156 Seeigel
62 Seelachs
1465 Seelachs
1008 Seemann
4 Seeohr
1149 Seeohr
103 Seeschwalbe
1502 Seespinne
1509 Seetang
1578 Seeteufel
953 Seezunge
1100 sehr
1458 Seife
50 Sellerie
1492 Sellerie
1380 selten
1097 Senf
1098 Senftopf
433 Sepia
1527 Service
1528 servieren
842 Serviette
808 Sesam
1530 Sevruga-kaviar
1530 Sevruga-stör
1532 Shiitakepilz
1241 Sieb
609 Sieden
713 siedend
1207 Singvögel
307 Sirup
1539 Sojabohne
1686 Sommer
813 Sonnenblume
603 Sonntag
1549 Sorbet
1079 Soße

[130]

ALEMÃO (Deutsch)

1078 Soßenschüssel
1558 Soufflé
655 Spaghetti
818 Spalte (einer Orange)
168 Spanferkel
921 Spanferkel
677 spanische Makrele
1280 spanischer Pfeffer
142 Spargel
1585 spätreif
1198 Spatz
1628 Speck
1483 Speichel
856 Speise
1550 Speiseeis
585 Speisekammer
350 Speisekarte
1039 Speisekarte
1470 Speisesaal
799 Sperber
658 Spezialität
910 spicken
661 Spiegel
1161 Spiegelei
1165 Spiegelei
664 Spieß (Gerät)
256 Spieß (Gericht)
442 Spießbraten
666 Spinat
657 Spinat (gehackt und gebacken)
259 Sprosse
24 Stahl
740 stark
841 stark
97 Stärkemehl
700 Stärkemehl
215 Steak
216 Steak mit spiegelei
162 Stechpalme
1429 steif
1226 Stein
1325 Steinbutt
163 Steineiche
319 Steingarnele
234 Steinpilz
394 Steinpilz
1314 Steinpilz
1575 Stiel
1629 Stier
47 stilles Wasser
1605 Stirn

347 Stöcker
384 Stöcker
166 Stockfisch
437 Stockfisch Suppe
236 Stockfischbällchen
1216 Stockfischbällchen (ohne Mehl)
167 Stockfischverkäufer
680 Stör
328 stornieren
1321 Strand
266 Strandschnecke
153 Strauß
741 Streichholz
438 Streifenbrasse
336 Stroh
475 Stroh
198 Strohkartoffeln
773 Stubenküken
1107 Stück
1225 Stück
1316 Stück
1271 Stück aus der Rinderhüfte
912 Stückchen
294 Stuhl
634 stürzen
1561 Sulfat
1562 Sultanine
1667 Sultanine
1544 Suppe
474 Suppenlöffel
1548 Suppenschüssel
1603 Suppenschüssel
887 Surimi
600 Süß
63 (süße) Fadennudeln
139 süßer Reis
254 süßes Brötchen
254 süßes Hefebrot
1188 süßes Hefebrot
602 Süßigkeiten
200 Süßkartoffel
41 süßsauer
36 Süßstoff
599 Süßwaren
1713 Süßwein
1565 Tabakladen
960 Tabelle
180 Tablett
1568 Tafel
1323 Tagesgericht
1513 Talg

1577 Tamarinde
8 Tanne
1583 Tapioka
1503 Taschenkrebs
424 Tasse
1734 Tasse
1579 Tastevin
1588 Tastevin
244 Täubchen
1310 Taube
1567 Taverne
408 Tee
264 Teekanne
472 Teelöffel
1478 Teesalon
1589 Telefonist (in)
1322 Teller
1596 Tentakel
1602 Terrakotta
1548 Terrine
1603 Terrine
589 Teufelssauce
1616 Thymian
175 tief
488 tiefgekühlt
991 Tiegel
1606 Tiegel
1610 Tinte
1046 Tisch
1613 Tischtuch
1711 Tischwein
1621 Toast
915 Toilette
1615 Tomate
188 Ton
48 Tonicwater
1571 Topf
1624 Torte
1625 Tortilla
1649 Tournedos
1631 traditionell
289 Traube
1663 Traube
1522 trennen
173 Trester
172 Tresterschnaps
767 Trichter
1318 trinkbar
204 trinken
1227 trinken
1614 trinken
823 Trinkgeld

[131]

ALEMÃO (Deutsch)

833 Trinkgeld	1681 vegetarier	406 Wal
637 trocken	1357 (ver-, an-) brennen	248 Wald
1514 trocken	860 Verdanungsstörung	1135 Walnuß
359 Trockenfleisch	591 verdauen	312 Wärme
92 Trockenpflaume	592 Verdauung	917 waschen
1286 Tropfen	1302 verdorben	42 Wasser
1651 trüb	353 verdünnter Espresso	182 Wasserbad
1650 trüben	870 Vergiftung	1030 Wassermelone
1639 Trüffel	568 Verkostung	979 weich
1646 Trüffel	26 verpacken	1076 weich
1255 Truthahn	1408 verteilen	1059 weicher Teil des Brotes
1647 Tuberkel	564 verziert	1168 weichgekochtes Ei
1648 Tulpe	628 verziert	1416 Weichkäse
147 Tunfisch	905 Vesper	1089 Weichtier
1440 Turteltaube	768 Vieh	1700 Weidenrute
1611 typisch	545 Viehzucht	1114 Weihnachten
1117 Übelkeit	1100 viel	391 Weihnachtliches Mitternachtsessen
834 überbacken	1702 Vinaigrette	1706 Wein
682 Überbleibsel	148 Vogel	1724 Weinbau
1536 Überbleibsel	1208 Vogel	1705 Weinberg
1411 überladen (magen)	426 voll besetzt	342 Weinbergschnecke
682 Überschuss	137 Vollkornreis	367 Weinkarte
1536 Überschuss	929 Vollmilch	35 Weinkeller
459 überziehen	21 Vorspeise	1703 Weinlese
457 Überzug	113 Vorspeise	1704 Weinleser (in)
1144 Ulme	119 Vorspeise	1511 Weinranke
1653 Ulme	528 Vorspeise	1200 Weinspalier
1426 umrühren	635 Vorspeise	702 weiße Bohne
1146 undurchsichtig	1736 Wacholder	1086 weiße Sauce
1293 Untertasse	395 Wachs	1664 weiße Traube
1257 Unterwasserfischfang	463 Wachtel	1275 weißer Pfeffer
203 Vanille	703 Wachtelbohne	136 weißer Reis
1676 Vase	650 wählen	

ALEMÃO (Deutsch)

792 weißer Zackenbarsch
1412 Weißkohl
1413 Weißkohl
1259 Weißling
1708 Weißwein
1637 Weizen
1101 welk
269 Wellhornschnecke
1426 wenden
1620 wenden
1319 wenig
1037 weniger
1696 Wespe
1177 Westafrikanischer Ebarme
1415 wieder hinstellen
1415 wiederherstellen
1520 wild
777 Wildhuhn
465 Wildkaninchen
884 Wildschwein
51 Wildsellerie
1534 wildwachsend
871 Winter
1692 Wirbel
1693 wirbeltier
1414 Wirsing-Kohl
1567 Wirtshaus
1139 Wolke
239 Wörtlich
428 Wrackbarsch
1728 Wunsch
1360 wünschen
1689 Wurm
955 Wurst aus Schweinefleisch
1493 Würstchen
614 Würste
1494 Wursthändler
486 Würze
1592 Würze
1374 Wurzel
862 Yamswurzel
1430 zäh
1720 zähflüssig
573 Zahnbrasse
1176 Zahnstocher
1595 zart
1593 Zeit
1346 (zer)brechen
653 zerdrückt
594 zerlassen
1423 zerlegen
583 zerpflückt
1423 zerschneiden
78 Zichorie
429 Zichorie
281 Zicklein
279 Ziege
1590 Ziegel
1608 Ziegel
1350 Ziegenkäse
191 ziemlich
445 Zigarette
1566 Zigarette
423 Zigarre
330 Zimt
759 Zimtapfel
1287 Zimtapfel
1737 Zink
1307 Zirrenkrake
946 Zitrone
641 Zitronenmelisse
1034 Zitronenmelisse
409 Zitronentee
444 Zitronenverbene
949 Zitronenverbene
969 Zitronenverbene
1634 Zitterrochen
571 zu sehr
571 zu viel
1327 zubereiten
10 Zucchini
31 Zucker
34 Zuckerstreuer
69 Zuckerwatte
1410 zum zweiten mal nehmen
629 zunehmen
952 Zunge
1424 zurücknehmen;-ziehen
1227 (zu sich) nehmen
1614 (zu sich) nehmen
221 Zwieback
386 Zwiebel
18 Zwiebelgericht
1545 Zwiebelsuppe

Espanhol

Spanish
Espagnol
Spanisch
Español

ESPANHOL (Español)

5 abeja	52 al ajillo	108 angélica (hierba)
8 abeto	115 al natural	630 anguila
6 abierto	116 al punto	109 angula
12 abrir	141 ala	1027 angula
13 abrir (botella)	243 a la bordelesa	104 anilla
16 absenta	54 álamo	111 anís
306 acajú	439 álamo	759 anona
162 acebo	836 a la plancha	1287 anona
155 acedera	998 albahaca	499 antesala de la cocina
160 acedía	55 albardado	114 antiguo
158 aceite	11 albaricoque	21 aperitivo
1142 aceite (no de oliva)	561 albaricoque	113 aperitivo
159 aceituna	83 albérchigo	119 aperitivo
19 acelga	81 albóndiga	528 aperitivo
24 acero	56 alcachofa	7 apertura
22 acervo	58 alcaparra	120 apetito
429 achicoria	59 alcaravea	121 apicultura
78 achicoria silvestre	890 alcaravea	50 apio
23 ácido	1537 alcornoque	1492 apio
25 acompañamiento	183 aleta	51 apio salvaje
26 acondicionar	68 alga	653 aplastado
27 aconsejar	66 algarroba	123 apurado
521 acotada	69 algodón dulce	126 arado
30 acre	77 alimento	422 arado
669 adelfa	485 aliñado	1061 arándano
963 adelfa	1591 aliñado	1463 arcilloso
564 adornado	486 aliño	127 arenque
628 adornado	1592 aliño	128 aroma
1109 agachadiza	87 almeja	129 aroma (vino)
37 agar-agar (gelatina de algas)	88 almeja dorada	265 aroma (vino)
38 agitar	89 almeja fina	130 aromático
1049 agitar	90 almeja gigante	131 aromatizado
156 agriar	93 almendra	134 arroz
41 agridulce	94 almendra amarga	136 arroz blanco
157 agrio	95 almendra de mar	138 arroz caldoso
42 agua	307 almíbar	139 arroz con leche
43 agua con gas	97 almidón	137 arroz integral
44 agua del grifo	80 almirez	140 artemisa (hierba)
46 agua mineral	1273 almirez	145 asado
47 agua normal	79 almuerzo	146 asar
1 aguacate	519 alondra	143 aspecto
49 aguja	1635 altramuz	144 áspic
616 aguja	1196 amapola	151 aterciopelado
617 aguja de pollo	85 amargo	147 atún
567 ahumadero	1080 americana (salsa)	148 ave
763 ahumadero	378 anacardo	150 avellana
566 ahumado	100 ananás	149 avena
125 aire acondicionado	530 anca de rana	153 avestruz
71 ajada	101 anchoa	1696 avispa
1517 ajedrea	1081 andaluza (salsa)	161 azabache
73 ajo	105 anémona	17 azafrán
642 ajonjolí	107 ánfora	31 azúcar

[140]

ESPANHOL (Español)

- 32 azúcar no refinado
- 33 azucarado
- 34 azucarero
- 164 azulejo
- 167 bacaladero
- 166 bacalao
- 165 bacalao fresco
- 173 bagazo
- 175 bajo
- 986 bajo en calorías
- 176 balde
- 177 balsamita
- 178 bambú
- 180 bandeja
- 1633 bandeja
- 182 baño maría
- 1358 barbilla
- 184 barbo
- 1691 barniz
- 185 barrica
- 186 barril
- 188 barro
- 189 barro cocido
- 191 bastante
- 200 batata
- 1054 batido
- 1722 batido
- 171 baya
- 254 bayonesa
- 1082 bearnesa (salsa)
- 204 beber
- 205 bebida
- 779 becada
- 1083 bechamel
- 240 bellota
- 207 beluga (tipo de caviar)
- 209 berberecho
- 210 berenjena
- 39 berro
- 211 besugo
- 819 besugo del norte
- 208 bien hecho
- 218 bigarrade (salsa de naranjas)
- 215 bistec
- 216 bistec con un huevo frito encima
- 217 bistec tártaro
- 1552 bistec tártaro
- 223 bivalvos
- 221 bizcocho
- 1186 bizcocho esponjoso
- 1086 blanca (salsa blanca)
- 1076 blando
- 224 boca
- 1500 bocadillo
- 268 bocina
- 269 bocina
- 227 boda
- 370 boda
- 1137 boda
- 35 bodega
- 228 bofe
- 1338 bofe
- 229 boga
- 916 bogavante
- 219 bombona
- 241 bombones
- 242 bonito (pescado)
- 1084 bordelesa (salsa)
- 247 borrego
- 248 bosque
- 793 botella
- 250 bovino
- 251 brasas
- 252 braseado
- 1662 brezo
- 255 broa
- 1187 broa
- 256 brocheta
- 257 brócuIi
- 258 bronce
- 259 brote
- 14 brótola
- 15 bruño
- 261 buche
- 230 buey
- 1503 buey de mar
- 262 búfalo
- 263 buffet
- 1085 burgiñon (salsa a la)
- 267 burro
- 1506 caballa
- 277 cabello de ángel
- 430 cabello de ángel
- 810 cabello de ángel
- 272 cabeza
- 275 cabeza de cerdo
- 276 cabeza de cerdo
- 274 cabeza de cordero
- 279 cabra
- 281 cabrito
- 282 cabrito asado
- 283 cabrito montés
- 96 cacahuete
- 288 cacao
- 287 cacerola
- 1183 cacerola
- 1571 cacerola
- 292 cachucho
- 293 cactus
- 296 café
- 772 café con leche
- 791 café con leche en vaso pequeño
- 300 café de perol
- 301 café descafeinado
- 353 café muy diluido
- 213 café solo
- 446 café solo
- 298 café solo corto y fuerte
- 302 cafeína
- 304 cafetera
- 297 cafetería
- 877 caimán
- 10 calabacín
- 9 calabaza
- 271 calabaza
- 971 calamar
- 308 calderada
- 309 caldo
- 332 caldo de galina
- 124 calentado
- 1344 calidad
- 1359 caliente
- 598 callos
- 312 calor
- 313 caloría
- 786 camarero
- 323 camariña
- 316 camarón
- 321 camarón
- 317 camarón blanco
- 305 campesino
- 326 campesino
- 325 campo
- 1020 campo
- 435 caña
- 790 caña
- 331 cañadílla
- 270 cañailla
- 327 canapés
- 328 cancelar
- 330 canela
- 345 cangrejo
- 346 cangrejo azul
- 320 cangrejo de rio

[141]

ESPANHOL (Español)

1298 cangrejo de río	447 ceniza	92 ciruela seca
333 cantarelos (setas)	393 centeno	449 citronela
419 cantarelos (setas)	1502 centolla	450 clara de huevo
314 capa	234 cepe (tipo de seta)	452 clarificar
20 capa de solomillo	394 cepe (tipo de seta)	453 claro
337 capón	395 cera	538 clavel
339 caqui	1315 cerdo	539 clavo
340 carabinero	1392 cerdo	454 clementina
342 caracol	220 cerdo grande	457 cobertura
649 caracol	396 cereal	458 cobre
266 caracol de mar	398 cereza	531 cocer
341 caracol de mar	699 cerrado	535 cocer
344 caramelo	402 cervecería	532 cocido
369 carbón	399 cerveza	533 cocina
62 carbonero	187 cerveza de barril	534 cocinado
1465 carbonero	401 cerveza negra	1553 cocinado lento y tapado
348 carcasa	404 cesto	837 cocinar en las brasas
351 cardo	405 cesto de pan	536 cocinero
355 carnaval	406 cetáceo	460 cocktail (salsa)
356 carne	413 chalota	461 coco
357 carne ahumada	610 chalota	549 cocodrilo
1439 carne de cerdo salteada	415 champán	501 cóctel
358 carne picada	417 chamuscado	463 codorniz
359 carne seca	420 chantilly	523 col
360 carnero	421 charcutería	524 col de bruselas
752 carnes frías	103 charrán común	381 cola
29 carnicería	428 cherna	1369 cola
1574 carnicería	792 cherne de ley	456 colar
362 carpa	384 chicharo	719 colar
363 carpa real	434 chocolate	525 coliflor
365 carré de cordero	911 chimenea	697 colmena
367 carta de vinos	433 choco	1094 colmenilla (tipo de seta)
371 cáscara	434 chocolate	475 colmo
375 casero (adj.)	438 chopa	505 colorante
374 casero (subst.)	436 choquitos	1470 comedor
377 castaña	440 chorizo	477 comer
379 castillo	1584 chorlito (ave)	478 comestible
380 cataplana	441 chucrut	1397 comida
385 caviar	517 chuleta	689 comida para el viaje
284 caza	518 chuletón	480 comino
285 cazador	900 chupar	481 compota
991 cazo	442 churrasco	482 compotera
1606 cazo	403 ciervo	844 con guarnición
286 cazón	898 cigala	122 con pimienta
407 cebada	382 cigarra de mar	154 con sabor a vino
386 cebolla	445 cigarrillo	483 concentrado
387 cebolla picada	1566 cigarrillo	485 condimentado
389 cebollino	467 cilantro	1591 condimentado
390 cena	508 cilantro	486 condimento
878 cena	15 ciruela	1592 condimento
391 cena de Navidad	91 ciruela	464 conejo manso
448 cenicero	1373 ciruela claudia	465 conejo silvestre

ESPANHOL (Español)

488 congelado
489 congrio
1462 congrio pequeño
491 conserva
492 conservante
494 consomé
497 conventual
311 copa
500 copa
728 copo
295 coquina
490 coquina
504 coral
502 corazón
512 corcho
1442 corcho (de botella)
110 cordero
507 cordero
509 corinto (pasas de)
1668 corinto (pasas de)
510 corona
511 cortado
693 cortado en rodajas
496 corte de carne (vacuno)
1672 corte entre costillas
372 corteza
514 corvina
506 corza
469 cosecha
515 costa
516 costilla
636 costillar
462 costra
551 costrones
522 coto
540 crema
541 crema catalana
933 crema catalana
542 crema de marisco
544 crep
545 cría
546 criado
547 cristalizado
548 crocante
550 croqueta
552 crudo
675 crujiente
553 crustáceo
455 cuajada
60 cuarto trasero de vacuno
1573 cubierto
459 cubrir

470 cuchara
474 cuchara de sopa
471 cucharilla de café
473 cucharilla de postre
472 cucharilla de te
484 cucharón de servir sopa
684 cuchillo
280 cuco
1260 cuello
788 cuello de la botella
495 cuenta
40 cultivador
555 cultivador
559 curry
135 curry con arroz
560 cuscús
1576 dátil
562 dátil de mar
563 decantar
565 decorar
568 degustación
152 delantal
817 delfín
985 delgado
569 delicadeza
571 demasiado
573 dentón
574 depurar
576 derretido
299 desayuno
577 descafeinado
578 descarnado
580 descongelado
581 descuento
582 desespinar
583 deshilado
588 despacio
585 despensa
586 destapar
587 destilería
589 diablo (salsa)
590 dieta
591 digerir
592 digestión
594 diluir
595 dinero
597 disolver
608 docena
603 domingo
605 dorada (pescado)
503 dorado
606 dorado

604 dosis
600 dulce
1607 dulce con huevos
601 dulce de huevos
1169 dulce de huevos
602 dulces
607 duro
1430 duro
609 ebullición
611 efervescente
613 embiagrado
767 embudo
72 embutido de aves
1174 embutido de lomo
614 embutidos
618 empanada
1434 empanadilla
619 empanado
620 empanar
654 emperador
622 emulsión
836 en las brasas
557 en salazón
163 encina
625 endibia
1736 enebro
106 eneldo
593 eneldo
626 eneldo
133 enfriar
652 enfriar
629 engordar
627 enharinado
1441 enrollado
1471 ensalada
1473 ensalada mixta
1476 ensaladera
1474 ensaladilla rusa
868 entero
635 entremés
910 entreverar
1650 enturbiar
1675 envases de vidrio
343 envidriado
638 época
1156 erizo de mar
646 escabeche
1301 escalfado
648 escalope
698 escalope de cerdo
650 escoger
651 escurrido

[143]

ESPANHOL (Español)

673 esencia	1605 frente	1198 gorrión
655 espagueti	1090 fresa	1286 gota
142 espárrago	749 fricasé	1140 gracias
658 especialidad	751 frío	827 gramo
659 especialidad regional	754 frito	1444 granada
660 especias	753 fritura	828 granja
364 especie de retama	756 fritura	829 grano
661 espejo	755 fritura mixta de pescado	830 grano de pimienta
662 espeso	757 fruta	821 grasa
665 espiga de maíz	1004 fruta de la pasión	822 grasiento
667 espina	758 fruta escarchada	833 gratificación
666 espinacas	732 fuego	834 gratinado
674 estación	737 fuente	838 grelos
3 estofado	740 fuerte	839 grosella
676 estómago	575 fundir	376 grosella negra
383 estornino	766 fundir	840 grosella negra
678 estragón	818 gajo (...de naranja)	841 grueso
1087 estragón (salsa de)	771 galantina	843 guardar
680 esturión	233 galleta	845 guarnición
682 excedente	776 gallina	816 guayaba
1536 excedente	743 gallina joven	811 guinda
1155 excelente	777 gallina silvestre	990 guindilla
671 exprés (café)	775 gallináceo	1274 guindilla
670 exprimir	338 gallinero	632 guisado
683 extracto	778 gallinero	846 guisado
708 fabada	334 gallineta-nórdica	645 guisante
694 factura	773 gallito	881 guiso con vegetales
685 faisán	780 gallo	633 guiso de anguilas
686 faneca	781 gamba	418 guiso de cabra (vieja)
688 farinato	782 gamba rosada	696 guiso de habas
700 fécula	783 gamo	1689 gusano
710 fermento	768 ganado	847 gustativo
748 fesco	784 ganso	695 habas
63 fideos cabello de ángel	831 garbanzo	53 halibut
717 filete	789 garganta	76 halibut
222 filete de vacuno con huevo frito	794 garrafón	735 hambre
	785 garza	687 harina
873 filetes de hígado	795 gas	375 hecho en casa
718 filloas	45 gaseosa	1550 helado
720 filtro	796 gaseoso	801 helado (temperatura)
721 financiera (salsa a la)	798 gastronomía	849 herbáceo
1363 finca	799 gavilán	850 heredad
723 fino (tamaño)	770 gaviota	1333 heredad
726 flambeado	769 gayo	711 herrera
727 flameado	797 gazpacho	713 hervido
1337 flan dulce	802 gelatina	848 hiedra
729 flor	807 geranio	804 hielo
730 flor de sal	813 girasol	640 hierba bendita
736 fondue	814 glándula	978 hierba bendita
741 fósforo	815 glicerina	444 hierba luisa
742 frambuesa	102 golondrina	949 hierba luisa
1098 frasco de mostaza	820 gordo	969 hierba luisa

[144]

ESPANHOL (Español)

- 643 hierbas
- 644 hierbas aromáticas
- 712 hierro
- 715 hígado
- 716 higo
- 765 hinojo
- 733 hoja
- 734 hojaldre
- 1017 hojaldre
- 1088 holandesa (salsa)
- 851 horario
- 738 hornada
- 739 horno
- 853 hortaliza
- 852 huerta
- 1309 huerto de manzanos
- 1158 hueva
- 1160 huevo
- 1162 huevo cocido
- 1163 huevo crudo
- 1167 huevo escalfado
- 1165 huevo frito
- 1161 huevo frito encima de . . .
- 1168 huevo pasado por água
- 1166 huevo revuelto
- 724 huevos hilados
- 1655 húmedo
- 761 humo
- 859 incisión
- 860 indigestión
- 861 infusión
- 409 infusión de limón
- 410 infusión de tila
- 863 insípido
- 864 insoluble
- 866 instalaciones
- 867 instantáneo
- 869 intestino
- 870 intoxicación
- 871 invierno
- 498 invitado
- 884 jabalí
- 1458 jabón
- 876 jabuticaba (fruta brasileña)
- 803 jalea
- 1329 jamón
- 714 jamón de york
- 1328 jamón de york
- 1730 japuta (pescado)
- 1731 jarabe
- 880 jardín
- 882 jarra
- 329 jarra (de cerveza)
- 1676 jarrón
- 883 jazmín
- 806 jengibre
- 1734 jícara
- 702 judía blanca
- 705 judía negra
- 703 judía pinta
- 707 judía roja
- 701 judía seca
- 704 judía tipo asturiana
- 706 judía verde
- 1239 judías verdes empanadas
- 1364 jueves
- 1700 junco
- 1736 junipero
- 347 jurel
- 879 jurel pequeño
- 1452 kabracho
- 1362 kilo
- 889 kiwi
- 556 kumquat
- 888 kumquat
- 891 kumquat
- 918 labrador
- 907 lacado
- 1254 lacón
- 432 lácon
- 1608 ladrillo
- 894 lagar
- 895 lago
- 901 lámina
- 902 laminado
- 903 lamparilla
- 904 lamprea
- 896 langosta
- 897 langosta real
- 951 langostino
- 322 langostino tigre
- 906 lapa
- 912 lasca (lascas de . . .)
- 913 latón
- 968 laurel (condimento)
- 914 lavabo
- 915 lavabo (wc)
- 67 lavanda
- 917 lavar
- 922 leche
- 923 leche condensada
- 924 leche desnatada
- 928 leche desnatada
- 926 leche en polvo
- 929 leche entera
- 932 leche semidesnatada
- 934 lecho (del río)
- 168 lechón
- 921 lechón
- 64 lechuga
- 65 lechuga romana
- 513 lechuza
- 935 leña
- 952 lengua
- 953 lenguado
- 1177 lenguado espinudo
- 936 lenteja
- 937 lento
- 1671 lento
- 940 lichi
- 941 licor
- 86 licor de almendra amarga
- 812 licor de guinda
- 919 liebre
- 731 ligero
- 939 ligero
- 943 ligero
- 373 lija
- 947 lima
- 886 lima kaffir
- 946 limón
- 948 limonada
- 950 limpio
- 956 lino
- 957 líquido
- 958 lirio
- 960 lista de precios
- 962 litro
- 1388 llenar
- 426 lleno
- 527 lombarda
- 1414 lombarda
- 938 lombriz
- 1058 lombriz
- 955 longaniza
- 278 lorcha
- 967 loza
- 1435 lubina
- 970 lucio (pescado)
- 1516 lunes
- 972 lúpulo
- 975 macarrón
- 976 macedonia
- 1472 macedonia
- 977 macerar
- 980 macrobiótico

ESPANHOL (Español)

981 madera	1029 melaza	1093 morena
982 madreselva	641 melisa	1572 morragute
1024 madroño	1034 melisa	1096 mosca
983 maduro	1262 melocotón	1097 mostaza
987 mahonesa	1031 melón	1099 mosto
989 maître	1032 melón francés	1104 mousse
1053 maíz	1010 membrillo (dulce de)	1100 mucho
993 malta	1011 membrillo (fruta)	1103 musgo
994 malva	1037 menos	529 muslo
84 mañana (día siguiente)	854 menta	1101 mustio
1129 mancha	1038 menta	208 muy hecho
1581 mandarina	855 menta piperita	1105 nabiza
996 mandioca	350 menú	1106 nabo
997 mango	1039 menú	862 ñame
432 manita de cerdo	1040 menú de degustación	908 naranja
1224 manita de cerdo	1066 menudillos	909 naranjada
1266 manita de cerdo	1041 mercado	1110 narciso
1067 manita de ternera	966 mercado de pescado	1111 nardo
856 manjar	1043 merengue	1112 nariz
1297 manjar delicado	1564 merengue	1113 nata
1001 mano	905 merienda	1115 natural
181 manteca	169 merlán	1116 naturaleza
1613 mantel	1044 merluza	1117 nausea
1000 mantequilla	1258 merluza	954 navaja
973 manzana	1045 mero	1118 navaja
324 manzanilla	1046 mesa	1114 Navidad
1003 mar	1048 metal	1119 nécora
1004 maracuyá	554 métodos de cocina	1120 néctar
1417 marcado	1065 mezcla	1121 nectarina (fruta)
1006 margarina	1051 microbio	1394 negar
1007 marinado	1028 miel	1122 negro
1008 marinero	1345 miércoles	1330 negro
760 mariscos	1059 miga de pan	1124 nervio
1012 marmita	1052 migaja	1126 nido
1013 mármol	226 mijilla	1123 ninguno
1599 martes	1036 mirlo	1062 níscalos
1015 maruca	1102 mirto	1125 níspero
988 más	1047 mitad	1108 no
1019 masticar	1063 mixta	1132 noche
987 mayonesa	1068 modo	1128 nocivo
1016 mazapán	1073 moho	1131 nogal
974 mazorca	1071 moler	1404 normal
874 mechero	1074 molido	1133 novillo
1021 medallón	1069 molinillo de pimienta	1139 nube
1023 mediano	1075 molino	1127 nudo
1022 medida	1070 molleja	1134 nuevo
1025 médula	1077 molleja	1135 nuez
1652 médula	1089 molusco	1136 nuez moscada
1026 medusa	98 mora	965 nutria
1050 mejillón	99 mora negra	1143 ojo
1033 mejor	1091 morcilla	1335 olla de barro
999 mejorana	1092 morder	1144 olmo

ESPANHOL (Español)

1653 olmo
427 olor
1141 olor
1072 olor mohoso
1146 opaco
1155 óptimo
1147 orégano
1148 oreja
4 oreja de mar
1149 oreja de mar
1150 orquídea
1661 ortiga
172 orujo
1152 oso
1151 ossetra (tipo de caviar)
1153 ossobuco
1154 ostra
1157 otoño
1159 oveja
1222 pábilo
1172 paella
1173 pagar
336 paja
1207 pajaritos
1208 pájaro
70 palangana
1170 paletilla (carne)
1176 palillo
887 palitos de cangrejo
1178 palmera
1180 palmito
1310 paloma
857 palometa roja
1184 pan
1185 pan de centeno
255 pan de maíz
1187 pan de maíz
1188 pan dulce
1189 pan francés
1190 pan rallado
1171 panadero
1733 papa de maíz
1192 papaya
1057 papilla
1056 papilla de avena
1055 papilla de maíz
1193 papillotte
1194 papo
476 paprica
1197 paprica
1281 paprica
1199 pargo

880 parque
1200 parra
835 parrilla
92 pasa
1202 pasa
1203 pasado
1201 Pascua
1623 pasta dulce con nueces
235 pastas (dulces)
1211 pastel
1212 pastel grande
487 pastelería
236 pasteles de bacalao
1210 pasteles dulces de judía
1214 pastor
1215 pata (pie)
1253 pata de cordero
192 patata
193 patata asada y golpeada
196 patata cocida
194 patata con piel
195 patata dorada
197 patata frita
198 patata paja
199 patata salteada
1217 paté
273 paté de cabeza de cerdo
1218 paté de hígado
1219 pato
1255 pavo
1221 pavo real
1228 pecho
984 pechuga de pato
1229 pechuga de pato
1237 pejerrey
579 pelado
1343 pellejos curtidos de cerdo
366 peluda
1242 pepino
1243 pepino en conserva
826 pepita
1326 pepito de ternera
1244 pequeño
1246 pera
1247 pera al vino o al licor
1248 perca (pescado)
1249 percebe
1250 perdiz
1490 perejil
1491 perejil picado
1251 perfumado
397 perifollo

291 perrito caliente
1256 pesca
1257 pesca submarina
1014 pescadilla
1259 pescadilla
1230 pescado
1231 pescado al horno
1261 peso
1263 pétalo
1232 pez aguja
1233 pez araña
1236 pez de san pedro
1464 pez de san pedro
677 pez estornino
1235 pez sable
1238 pez sapo
1732 pez sapo
315 phisalis
725 phisalis
1267 phisalis
1270 picadillo
1268 picadillo de carne
1269 picado
122 picante
1272 picante
1294 picante
244 pichón
1223 pie
1226 piedra
1240 piel
1252 pierna
1271 pieza de carne de vaca
1282 pimentero
476 pimentón
1280 pimentón
1281 pimentón dulce
1277 pimienta
1275 pimienta blanca
1279 pimienta negra
1283 pimiento
1278 pimiento de padrón
1285 pimpinela
2 piña
100 piña
664 pincho
1264 pincho
1289 pino
1288 piñón
1290 piñón
1291 pintarroja
1597 pinzón (ave)
1292 pipa (barril pequeño)

[147]

ESPANHOL (Español)

1295 pistacho
1296 pitahaya
1735 pizarra (piedra)
1299 planta
 245 planta herbácea
 179 plátano
1322 plato
1323 plato del día
1293 plato pequeño
1321 playa
 709 plaza (mercado)
1319 poco
 992 poco hecho
1302 podrido
1303 poleo
 747 pollito
 745 pollo
 746 pollo al curry
1300 polvo (en)
 832 pomelo
1618 pomelo
1311 ponche
1313 porcelana
1314 porcini (tipo de seta)
1312 porción
1538 postre
1317 pota
1318 potable
1324 precio
1327 preparar
1331 primavera
1332 productor
 823 propina
1334 prueba
1336 pudín
1315 puerco
1392 puerco
 75 puerro
 959 pulido
1304 pulido
1305 pulpa
1306 pulpo
1308 pulpo
1307 pulpo blanco
1339 puré
 657 puré de espinacas
1340 puré de patata
1341 purificar
 423 puro
1342 puro
1346 quebrar
1357 quemar

1360 querer
1347 quesada (dulce)
1348 queso
1349 queso curado
1355 queso de bola
1350 queso de cabra
1351 queso de oveja
1353 queso fresco
1356 queso rallado
1354 queso semi curado
1361 quiabo
 318 quisquillas
 319 quisquillas
1367 rabanito
1368 rábano
 381 rabo
1369 rabo
1370 rabo de buey
 289 racimo
 604 ración
1374 raíz
1375 rallado
1376 rallador
1377 rama
1220 rama de laurel
1365 rana
1378 rancio
1578 rape
1379 rápido
1380 raro
1381 rascacio
1382 raso
 132 raya
1371 raza
1385 receta
1390 recibo
1386 reciente
1391 reclamar
1393 recomendar
 118 recortar
1423 recortar
1395 reducción
1396 reducido
1397 refección
 335 refectorio
1399 refrescar
1400 refresco
1402 regado
1403 región
1404 regular
1398 rehogado
 18 rehogado de cebolla

1401 rehogo
1405 reineta (manzana)
1387 rellenado
1389 relleno
 572 remojado
 212 remolacha
1406 remontar
1407 renovar
1408 repartir
1410 repetir
1411 repleto
1412 repollo
1413 repollo blanco
 526 repollo verde
1415 reponer
 599 repostería
1416 requesón
 246 rescoldo
1417 reserva
1418 reservar (mesa)
1419 residuo
1420 resina
1421 restaurante
1422 resto
1424 retirar
1425 revelar
1426 revolver
1427 ribera
1432 ribera
1138 rica
1429 rígido
1431 riñón
 368 roble
1325 rodaballo
1437 rodaballo
 691 rodaja
1316 rodaja
1436 rodaja
 692 rodaja de pan
 885 rodilla
1438 roer
1690 rojo
1443 rollo de carne
 61 romero
1448 romero
1453 ron
1445 rosa (color)
1446 rosa (flor)
1447 rosbif
 104 rosca
 239 roscón de reyes
1449 rostro

ESPANHOL (Español)

1451 rúcola
1450 ruiseñor
1454 rural
1455 rústico
1457 sábado
1512 sábalo
824 sabor
1459 sabor
825 sabroso
1460 sabroso
1461 sacacorchos
36 sacarina
1466 sal
1467 sal fina
1468 sal gorda
1469 sala
1480 salado
1477 salami
1493 salchicha
1494 salchichero
1479 salero
1481 salina
1482 salitre
1483 saliva
1484 salmón
1485 salmón ahumado
1486 salmonete
1478 salón
1478 salón de té
1489 salpicar
1488 salpicón
1079 salsa
466 salsa de cilantro
1078 salsera
1495 salteado
1520 salvaje
1496 salvia
1497 samusa
1456 sana
1498 sándalo
1030 sandía
214 sandwich de filete de cerdo
1064 sandwich mixto
1501 sangre
260 santiaguiños
1505 sapo
1507 sardina
1265 sardinilla
1509 sargazo (alga)
1510 sargo
1511 sarmiento
750 sartén

1526 sartén ancha y plana
1513 sebo
637 seco
1514 seco
1515 sed
1519 seleccionado
1521 semilla
1522 separar
1525 serrana
1524 serrín
915 servicio
1527 servicio
842 servilleta
1528 servir
808 sésamo
1060 sesos
468 seta
1530 sevruga (tipo de caviar)
1532 shitake (seta japonesa)
1535 sí
443 sidra
1523 sierra
294 silla
1518 silla (corte de carne)
1534 silvestre
1521 simiente
1539 soja
1517 sojulida
1541 sólido
944 solla
1540 solla
1542 sollozo
964 solomillo
1543 soluble
1544 sopa
1545 sopa de cebolla
1546 sopa de marisco
310 sopa de patata y verdura
437 sopa de pescado
1547 sopa de pescado
1548 sopera
1603 sopera
1549 sorbete
865 soso
151 suave
979 suave
1554 suave
1560 sucio
1557 suficiente
1558 suflé
1559 sugerir
1561 sulfato

1562 sultana (tipo de pasa)
1563 suplemento
445 tabaco
1566 tabaco
1565 tabaquería
1567 taberna
1568 tabla
1107 tajada
1575 tallo
1577 tamarindo
1241 tamiz
1580 tapadera
1583 tapioca
1585 tardío
237 tarta
1624 tarta (dulce)
238 tarta negra
1179 tasarte
1587 tasca
424 taza
1570 taza
1734 taza
991 tazón sin asas
1606 tazón sin asas
408 té
411 té normal
412 té verde
1590 teja
1589 telefonista
1095 templado
1598 templado
1594 tenca
787 tenedor
1596 tentáculo
1723 ternera
1602 terracota
1601 terraza
264 tetera
1645 tiburón
1593 tiempo
1595 tierno
1600 tierra
1604 tijera
1609 tila
1610 tinta
1611 típico
232 tipo de empanada de carne
28 tipo de sopa de ajo
1612 tisana
1628 tocino
1227 tomar
1614 tomar

ESPANHOL (Español)

1615 tomate	942 unir	1699 vieira
1616 tomillo	1656 unir	1683 viejo
1582 tonelero	1657 untar	1685 vientre
1617 tonelero	181 unto	1531 viernes
48 tónica	1658 unto	1705 viña
1619 tordo	1659 untuoso	1701 vinagre
1620 tornear	1660 urticaria	774 vinagreras
1629 toro	1663 uva	1702 vinagreta
641 toronjil	1665 uva moscatel	1706 vino
1034 toronjil	1669 uva negra	1708 vino blanco
1622 torrezno	1202 uva pasa	451 vino clarete
1366 torrija	1664 uva verde	1709 vino clarete
1145 tortilla	1670 vaca	1710 vino de la casa
1625 tortilla	1678 vacío	1711 vino de mesa
1216 tortillita	203 vainilla	1712 vino de Oporto
1440 tórtola	174 vajilla	1713 vino dulce
1586 tortuga	1673 vapor	672 vino espumoso
1621 tostada	1674 variado	1715 vino moscatel
1630 tóxico	995 variedad de papaya	1714 vino por copas
1631 tradicional	1579 vaso de somelier	1716 vino rosado
1636 trébol	1588 vaso de somelier	1717 vino tino
1634 tremielga	920 vegetal	1718 vino verde
1637 trigo	1680 vegetal	1719 víscera
1638 tripa	1681 vegetariano	1720 viscoso
225 trozo	1682 vela	1721 vista
1225 trozo	1684 veloz	1724 viticultura
1640 trucha	1679 venado	1725 vivero
1641 trucha alpina	1703 vendimia	1726 vivo
1643 trucha arco iris	1704 vendimiador	1727 vol-au-vent
1642 trucha asalmonada	1686 verano	1728 voluntad
1644 trucha de lago	206 verdolaga	1729 voraz
1639 trufa	1687 verdoso	805 yema de huevo
1646 trufa	1688 verdura	809 yeso
1647 tubérculo	1692 vértebra	872 yogur
1025 tuétano	1693 vertebrado	392 zanahoria
1652 tuétano	634 verter	668 zarza
1648 tulipán	681 verter	1533 zarza
1651 turbio	1694 verter	1737 zinc
1649 turnedós	1695 vesícula	1555 zumo
1654 Último	1698 vidrio	1556 zumo de fruta

Massas

Pasta
Pâtes
Nudeln
Pastas

anellini

bavettine

bucatini

canelone

capellini

conchiglie

farfalle

fettuccine

fusilli

gobbeti

lasanha

linguini

mafaldini

penne

pipe

ruote

estrelinha

tagliatelle nido

tortiglione

Condimentos

Seasonings
Assaisonnements
Gewürze
Condimentos

açafrão (em flor)
saffron (flower)
safran (fleur)
Safran (blume)
azafrán (flor)

açafrão (em pó)
saffron (powder)
safran (en poudre)
Safran (gemahlen)
azafrán (en polvo)

canela
cinammon
cannelle
Zimt
canela

canela (moída)
cinammon (powder)
cannelle (en poudre)
Zimt (gemahlen)
canela (en polvo)

CONDIMENTOS

[167]

cardamomo
cardamom
cardamome
Kardamom
cardamono

colorau
paprika
paprika
Paprika
pimentón

cominho
cumin
cumin
Kümmel
comino

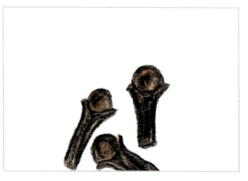

cravo-da-índia
clove
clou-de-girofle
Gewürznelke
clavo

curry
curry
curry
Curry
curry

erva-doce / anis
anise
anis
Anis
ajonjoli / anís

funcho
fennil
fenouil
Fenchel
hinojo

gengibre
ginger
gingembre
Ingwer
jengibre

gengibre (em pó)
ginger (powder)
gingembre (en poudre)
Ingwer (gemahlen)
jengibre (en polvo)

louro
laurel
laurier
Lorbeer
laurel

noz-moscada
nutmeg
noix de muscade
Muskatnuss
nuez moscada

noz-moscada (moída)
nutmeg (powder)
noix de muscade (en poudre)
Muskatnuss (gemahlen)
nuez moscada (en polvo)

orégano
oregan / wild marjoram
origan
Oregano
orégano

páprica
paprika
paprika
Paprika
paprica

pimenta-branca (grão)
white pepper
poivre blanc
weißer Pfeffer
pimienta blanca

pimenta-branca (moída)
white pepper (powder)
poivre blanc (en poudre)
weißer Pfeffer (gemahlen)
pimienta blanca (en polvo)

CONDIMENTOS

[171]

pimenta-preta (grão)
black pepper
poivre noir
schwarzer Pfeffer
pimienta negra

pimenta-preta (grão)
black pepper (powder)
poivre noir (en poudre)
schwarzer Pfeffer (gemahlen)
pimienta negra (en polvo)

piripiri
piripiri / hot sauce
sauce piquante
Piripiri / scharfe Chilisauce
picante

Referências

Referências Internet

www.maestropescador.com
www.urnerbarry.com/fyearbook/index.asp
www.royalty-free-pictures.com
http://ci-67.ciagri.usp.br/pm
www.rain-tree.com/plants.htm
http://pescamar2.paginas.sapo.pt/peixes%20indice.htm
www.saveursdumonde.net
www.liberherbarum.com
www.gastronomias.com
www.fishbase.org
www.foodsafety.gov
http://iate.europa.eu

Referências bibliográficas

The Cook Book – Conran, Caroline e Terence (Mitchell Beazley)
Larousse gastronomique – Prosper Montagne (Librairie Larousse)
Les poissons – F. D. Ommanney (Collections Life)
Dictionnaire gastronomique – Harry Schraemli (Hergiswill)
Vocabulário técnico para as profissões turístico hoteleiras – (INFT)
Nomenclatura portuguesa do pescado – J. M. O. Castro (Ed. Gabinete das Pescas, 1967)
Dicionário gastronómico ilustrado – Francisco Gonçalves
O pescado na alimentação portuguesa – Bernardo, Fernando & Martins, H. Marina (INFT)
Technologie culinaire – Eugen Pauli (Buchdruckerei Stäfa AG)
O prazer de cozinhar – Joaquim Figueiredo (Colares Editora)
Multilingual Ilustrated Dictionary of Aquatic Animals and Plants – (1998 European Com.)
Super alimentos - Michael van Straten, Barbara Griggs (Civilização Editora)
Le Cordon Bleu - O livro das técnicas culinárias - Jeni Wright, Eric Treville (Livros & Livros)

Impressão e acabamento: Yangraf.